大展好書　好書大展
品嘗好書　冠群可期

大展好書　好書大展
品嘗好書　冠群可期

運動遊戲 9

中老年人游泳指導

溫仲華／著

大展出版社有限公司

前　言

　　毛澤東於 1956 年時已是 63 歲高齡，在第一次暢游長江後，曾寫下「……萬里長江橫渡，極目楚天舒，不管風吹浪打，勝似閑庭信步」的豪言壯語，抒發了一個革命者的偉大胸懷，同時也寫出了人在游泳時所能感受到的無比愜意。

　　隨著時間的推移，當今已進入 21 世紀，世界人口已增至 60 億；我國人口也增至 12 億 5 千萬，其中步入老齡的人數已達 1.3 億。因此 21 世紀將是一個人口老齡化的世紀。由於人到中老年後，機體從外表到内部器官功能都發生了極大的變化，不斷出現各種病態。隨著人們生活水準的不斷提高，重視保健、增進健康、防止疾病已成爲中老年人的一個重要話題。

　　現在參加體育鍛鍊、進行休閑活動的中老年人愈來愈多，鍛鍊的内容也已不僅僅是甩手、百步走、太極拳等，而是尋求在活動中有更大的實效和興趣，活動的範圍擴大了，諸如登山、交誼舞、游泳、旅遊等，已成爲中老年人的時尚體育。

　　在諸多的體育項目中，游泳是人體在水中失重的情

況下全身心投入的活動，不必像陸上其他體育項目仍需在一部分或全部機體處於肌緊張的情況下才能完成。尤其是在自然水域中，游泳可以使人直接承受空氣、日光和水的沐浴；而空氣、陽光和水是人類生命的源泉，從而在游泳中可以促進身心健康，益壽延年，永保青春。

因此，近些年來，醫學界把游泳作爲治療慢性病的方法，諸如鎮靜、鎮痛、利尿、制汗和用來治療肺氣腫、冠心病、高血壓等有很顯著的療效。

但也有一些中老年人至今從未下過水游泳，不知從何入門，到水裡就頭發懵，不知南北了。

本書就是向中老年人介紹如何能盡快地學會游泳，投入碧水之中去體會「極目楚天舒」的境界，並爲一些患有慢性病的中老年人提供如何由游泳來改善和提高身體機能、恢復健康的一些方法。使老年人能在晚年精神煥發，充滿對生活的嚮往。

目前，世界各國對老年人特別尊重，國際上規定每年 11 月 1 日爲「國際老人節」，另外還有「老人年」等，既如上述，那就讓我們用游泳鍛鍊去爲中老年人的晚年生活增添幸福吧！

目　錄

（一）反蛙泳技術特點 ……………………… 122

（二）自由式仰泳技術特點 ……………… 126

（三）蛙泳技術特點 …………………… 133

（四）側泳技術特點 …………………… 138

第三章　中老年人游泳的時間和強度

一、中老年人游泳的時間和運動量 ……………… 148

二、中老年人游泳的強度控制 ………………… 150

（一）測試心率的方法 ………………… 151

（二）心率和強度的關係及如何控制強度 …… 153

第四章　中老年人游泳的注意事項

一、一般注意事項 ……………………… 156

二、夏季在室外游泳的注意事項 ……………… 157

三、冬季在室內游泳的注意事項 ……………… 159

第五章　中老年人如何進行冷水浴和冬泳

一、冬泳是一項新興的體育運動 ……………… 162

二、冬泳是中老年人強筋健骨的鍛鍊方法 ……… 164

（一）改善和提高中樞神經系統和調節體溫的

　　　能力 …………………………… 164

（二）促使血液循環系統加快，提高心血管和

　　　心臟功能 ……………………… 165

第六章　中老年人游泳的裝備和用具

第七章　中老年人與醫療性游泳

第一章

人與自然

一、不可抗拒的自然規律

人和世界上的萬物一樣，都不能違背生老病死這一客觀的自然界規律。

從古到今，人類為了生存，在和自然界的鬥爭中，在和命運的鬥爭中，在和疾病的鬥爭中，發現和發明了不少可以使人延緩衰老和長壽的秘方。尤其是自 19 世紀以來，隨著現代科學的發展，各種有關人類科學的理論知識的出現和現代醫學的發展，諸如人體解剖學、人體生理學、運動生理學、心理學、教育學、營養學、病理醫學、訓練學等給人類帶來了光明。

人們從中找到可以延緩衰老和預防疾病的規律，取得有目共睹的成效，現在已是「七十不稀奇、八十不算老、九十到處可以找」。

在我國相傳彭祖活了 1000 歲，無從查考，那是神話傳說，但高壽一百三四十歲的人則確實存在。在 80 年代的人口普查時，發現廣西壯族自治區有一位 136 歲高齡的老人，還可以上山打柴。北京市東城區的平均年齡男性是 72.8 歲、女性是 75.96 歲。

1988 年聯合國曾發表過一份報告書，指出人類平

均壽命將會逐年增高，到 20 世紀末將會達到 85 歲左右。同時預測：到 2050 年時，世界上將有「8 億老人」，而其中 3/4 將居住在發展中國家，尤其是亞洲，20 世紀末將成為世界一半老人集中的地區。而我國在 20 世紀 80 年代末期已有老年人 7500 萬人，到 2075 年時將增加 4 倍。

　　人總是要老的，但人們對「老年」的看法是不一致的。到底多大年齡算老年？

　　1964 年，我國第一屆老年學與老年醫學學術會議規定 60 歲以上為老年。隨著平均壽命的延長，1981 年，我國第二屆老年醫學學術會議又提出以 65 歲以上為老年的建議。實際上這是人的「自然年齡」。

　　在日常生活中我們常常聽到對一些老年人評頌為「老當益壯」，這無非是說這些人在生理上、心理上仍保持著年輕人的心態和身體各部器官的健康，對新鮮事物的敏感程度、反應能力還很強，對社會公益事業懷有飽滿的熱情。由此，有人又提出了生理學年齡、心理學年齡（或稱生物學年齡）、社會學年齡等概念。

　　世界上很多國家以 65 歲為老年的界限，也有很多國家把老年人又分為「低齡老人」和「高齡老人」。我國一般把 60～79 歲的老人稱為「低齡老人」，80 歲以上的稱為「高齡老人」，90 歲以上的稱為「長壽老

人」，100 歲以上的稱為「百歲老人」（或稱為「人瑞」）。

由於生活的改善，社會文明程度的提高，人的生理發生很大變化，身心健康的老人愈來愈多，而這些人在精力方面、經驗方面、知識方面均處於人生最活躍、最豐富的階段。因此，有人認為 60 歲以上是生命的第二個春天，也有人稱之為人生中的金色秋天。不是嗎？「莫道桑榆晚，為霞尚滿天」。

自然規律既然是客觀存在，我們就應該做生活的主人，讓生命的晚霞像朝霞一樣紅火燦爛。

二、中老年人的身心變化

人進入中老年後，身體從表面到內部器官的功能均發生了明顯的變化。從外形看，腹部、腰部脂肪增多，皮膚乾燥，白色皮屑增多，手腳容易乾裂，臉上出現皺紋、老年斑，牙齒鬆動脫落，頭髮變白、稀疏、脫頂，視力減低，出現老花眼、聽力減退，出現耳背，智力減退同時記憶力下降，身體萎縮，出現駝背和肌肉鬆弛，動作變遲緩。

人步入中老年後，由於運動量減少，能量消耗少，

導致熱能過剩轉化為脂肪，形成老年性肥胖症，而老年肥胖症又容易引發多種疾病，如高血壓、動脈硬化、冠心病、糖尿病等。尤其是退休後，閑居家中，時間長了則情緒低落，內臟器官新陳代謝能力減弱，加之自我調節能力差，往往容易產生抑鬱情緒，於是各種病態就出現了。

抑鬱情緒導致機體免疫系統的防病與抗病能力減弱，誘發血小板及白血球的凝聚，促使動脈粥樣硬化形成的速度加快；由於高血壓和動脈硬化，甚至能引起動脈硬化性心臟病。

由於血管壁增厚，失去彈性，管腔變得狹窄，嚴重時發生痙攣，收縮變細，使供應心肌的血液減少而出現心肌缺血缺氧，嚴重的會發生心肌部分壞死。心肌缺血缺氧的具體表現是胸悶、憋脹、心前區疼痛、頭暈、出虛汗、胸痛、呼吸困難、四肢無力等。

三、生命在於運動

中老年人為了加強機體對外界的抵抗力和提高身體的自我調節能力，除加強營養外，還必須積極地參加體育鍛鍊，這是人類健康的必由之路。靈丹妙藥不能助人

長壽，燒香磕頭也絕不會使人長生不老。

只有根據自身的特點，學習和掌握保健的科學知識，注意休息和工作，注意相應的營養，尤其能使人延年益壽、鶴髮童顏、永保青春的，就是參加體育鍛鍊，即生命在於運動。

「生命在於運動」是法國哲學家伏爾泰的名言。對人類來說，「運動」包含體力勞動和體育鍛鍊兩個方面。

體力勞動固然可以使人的機體得到發展和增強，但在現代社會中，由於科學技術的進步，生產中的分工越來越細，這就使從事某一種工種、工序的人，在生產中只是單調而重複地做某一種活動，因此，只有一部分器官得到鍛鍊，甚至「超過負荷能力」，而另一些器官幾乎被「閒置起來」。長此以往，人體就會受到損傷。

體育鍛鍊與體力勞動是不同的，儘管它們也有田徑、體操、球類、游泳、武術……之分，但畢竟是比較全面的活動。有些項目如長跑、足球、游泳更是如此。

一個人的健康，應該是各種器官都健康，並不是局部強壯就算健康。只有經常地堅持參加體育鍛鍊，才能達到這個目的。透過體育鍛鍊可以增強各個器官的功能，提高神經系統、心血管系統和呼吸系統的機能，改善肌肉系統和提高各種身體素質，諸如力量、耐力、靈

巧、柔韌和協調性；體育鍛鍊還能培養人的樂觀情緒和頑強精神，這種愉快的情緒和精神，反過來更能促進身心健康。

體育運動之所以能成為人類健康的必由之路，那是因為人的生命來源於細胞的生成、組合，來源於蛋白質。人從食物中得到營養，勞動和體育鍛鍊促使它們迅速地轉化成機體各部器官所需要的物質；使細胞加速分裂、組合、增殖，從而使人的生命活躍不息。

相反，不進行勞動和體育鍛鍊的人，他的新陳代謝能力會逐漸減弱，細胞的生長變化緩慢，甚至衰退、枯竭、死亡，從而加速人的各部器官機能的衰退，影響人的健康和長壽。

因此，「生命在於運動」對中老年人來說更為需要，更應加強鍛鍊。但是，不是所有的體育運動對所有的人都適合，少年兒童正是長身體、愛活動的發育階段，對各項體育運動都可能產生興趣，但有一些運動，如舉重、角力、摔跤等使用爆發力的項目，過早地進行是不適宜的。

由於他們的肌體仍處於嬌嫩、脆弱的發育時期，承擔不了超負荷的運動。成年人由於體魄健全，骨骼肌肉都已豐滿，內臟器官也已發育成熟，因而從事各項運動都有其有利的條件，並可能在體育競賽中出現登峰造極

的最好年代。

　　同樣，中老年人由於年齡的增長，身體機能的減退，動作開始遲緩，也需要選擇能夠承受的、有興趣的、簡單易行的、適合其特點的運動項目。

四、生命的源泉

　　在自然界裡，空氣、日光和水是人類生命的源泉。是人類生長、發育不可缺少的三大要素，人離開了空氣、日光和水就無法生存。它們是自然界中最寶貴的財富，但又無需金錢去買，這也是自然界給予人類和萬物的最大恩賜。

　　人所共知，人需要不斷地吸入新鮮空氣，因為空氣中含有氧。氧是地球儲量最多、分布最廣的元素，而空氣又是貯存氧的主要「倉庫」。

　　在大自然的環境中，空氣平時居於「中性」，但因為宇宙射線、紫外線、雷電、風暴和激浪的影響，空氣中會形成無數「帶負電」的、「壽命」極短的「陰離子」。這種帶負電的「陰離子」是空氣中的「維生素」。由於它能增強氣管纖毛的功能，提高吸入空氣的清潔度，促進機體組織的氧化還原過程，使紅血球和血

紅蛋白增加，促進骨骼的生長，所以它有益於人體的健康。

實驗證明：人吸進含豐富「陰離子」的空氣後，精神振奮、頭腦清醒、呼吸和脈搏次數減少而且均勻。

此外，含有豐富「陰離子」的空氣，還能刺激上皮組織再生，有利於創傷痊癒；促進新陳代謝，有利於機體生長發育，提高免疫能力。

但是，由於自然環境受到污染的破壞，據測定，不同地區空氣中含「陰離子」的多少各不相同。每立方公分空氣中陰離子的含量在城市的住宅區房間裡只有40～50個，在城市裡的戶外僅有100～200個，而在市區公園裡，可增加到500～600個，郊外田野裡可增加到1000個，而海濱、山谷、瀑布、森林、河邊、湖畔可多達20000個以上。

因此，經常去郊外或公園散步，可以享受豐富的陰離子空氣，而到海濱、江河、湖畔去鍛鍊、去游泳就更能充分地吸收含有陰離子的新鮮空氣，對機體的新陳代謝有著更加良好的促進作用。

日光也是萬物依其生長的寶貴物質。太陽光是宇宙中一切生命的源泉，即所謂「萬物生長靠太陽」。對人來說，我國有句俗話說得好：「常曬太陽光，身體健如鋼。」

太陽光中有不可見的光線——紅外線、紫外線。對於強身健骨是不可缺少的，紅外線可以使血管擴張，加快血液循環，加強內臟器官的活動，促進身體吸收養料，排除廢物；同時還能使神經興奮，增強記憶力。紫外線則能促進身體對鈣、磷的吸收，而且具有很強的消毒殺菌作用。

人，經常受到太陽光的照曬，是預防軟骨病的最好方法。皮膚裡的膽固醇，經陽光中紫外線的照射，能轉變成「丁種維生素」，而丁種維生素對防治佝僂病是很有效的。

一個人經常在室內不見陽光，就會面黃肌瘦，臉上無光澤，甚至四肢和全身呈黃白色，像貧血一樣，說話也有氣無力。

而在游泳中，可以使身體各部分都無遮掩地暴露在光天化日之下，任其照曬，接受日光的沐浴，從而吸收日光給有機體帶來的裨益。

從游泳衣的發展中，也可以看到人們對陽光與人體關係認識的發展：從短衣裙式到背心式，從兩截式到今天的三點式（比基尼）。而歐洲一些婦女在海灘游泳時，裸露上身僅穿短褲，也無非是能使身體更多地接受日光的照曬以使自己更健康。

水，是人類和自然界萬物維持生命和健康絕對不可

缺少的重要物質。

　　人和動物需要它，花草樹木需要它，農林灌溉、養魚養鴨、工業電力都需要它。人身體本身就離不開水，在正常人體中水分含量成年人男子為 60％，婦女為 55％，老年人為 45％。誰都能想像出，人如果失去了水會成個什麼樣子。

　　此外，水對人體吸收各類物質，有著分離、溶解的作用，並促成各種物質對機體更好地發揮作用。

　　同時，人經常在水中沐浴、摩擦、沖洗可以促進人體的新陳代謝功能，而在水中游泳鍛鍊，更可由於水的特性——浮力、壓力、阻力的作用，提高人體各部器官的功能，如增強心血管系統、呼吸系統和體溫調節功能。經常游泳的人，他們的肌肉圓滑而富有彈性。

　　綜上所述，空氣、日光和水對人類的生存和生活所具有的價值，在游泳中都被充分地利用了。因此，游泳是一種最理想的健身項目了。

五、得天獨厚的游泳運動

　　任何體育項目，如田徑、體操、球類運動、武術等，都沒有像游泳一樣，能使人同時直接享受到空氣、

日光和水三位一體的沐浴和沖洗按摩，享受大自然中最寶貴的物質財富。

游泳，不僅可以給人以享受，同時又可以鍛鍊人的體魄，培養人頑強、勇敢、戰勝困難的意志和樂觀情緒，體會與大自然搏鬥的樂趣。所以，游泳是男女老幼都喜愛的運動。

游泳時，水的浮力將人托起，因此，身體各部位格外放鬆，這是陸上的任何運動項目都做不到的，因為任何運動都要使一部分或幾部分肌肉保持相對的緊張，否則就很難完成動作的要求。游泳由於全身俯臥或仰臥在水面，全身肌肉放鬆，在這種情況下活動，可以使機體得到均勻的、全面的鍛鍊，身體各部器官都能積極參加活動，使機體得到全面發展。

一般人的肺活量是 3500 毫升左右。游泳時，由於水對胸廓的壓力比空氣壓力大 12～15 公斤，所以，常游泳的人可以達到 5000 毫升，游泳運動員可以達到 7500 毫升，這樣就使胸廓肌肉特別豐滿健壯，內臟器官心肺功能提高，呼吸系統健全，心血管系統得到改善和增強，在從事劇烈勞動時，體力充沛，不會感到心慌、氣短。

由於游泳時姿勢不斷的變化，使四肢、肩部、腰背部、腹部都得到鍛鍊，而不像某些運動項目，突出地鍛

鍊某一部分或幾部分肌肉。因此，游泳可使各部肌肉勻稱的發展，並由於水的按摩作用，使肌肉圓滑而富有彈性。

游泳時，由於水對機體的壓力和為了克服游進時的阻力而用力，促使心跳加快。如普通人用力游 100 公尺時，每分鐘心跳可達到 160 次，游泳運動員可達到 200 次以上。於是，心臟功能增強了，提高心臟的工作能力，增加每搏輸出量。

由於每搏輸出量的增加，可以改善心血管系統的彈性，改善血管和毛細血管的暢通，清洗血管壁上沉積的物質，使心血管收縮擴張更加富有彈性，可防止心肌梗塞、動脈硬化、胸悶氣短、頭暈、腦脹等疾病，改善全身血液循環系統的機能。

但在平時的日常生活中，平常人每分鐘心跳 70 次左右，而經常游泳的人卻可以減少到 45～50 次，這樣就減輕了心臟的負荷，使心臟得到一定的休息。

游泳時，人在水中身體熱量消耗大，在攝氏 12 度水中停留 4 分鐘，人體要消耗 100 大卡的熱量，而在同樣溫度的空氣中，則需要 1 小時才消耗同等的熱量。

熱量消耗大，新陳代謝就加快，所以，經常進行游泳鍛鍊的人，皮下脂肪增長很快，到冷水中並不感到冷，所以，一般常進行游泳鍛鍊的人，對外界溫度的突

然變化可以適應，不易患感冒傷風，尤其是參加冬泳的人更為明顯。這也是由於提高了體溫調節系統的功能所致。而陸上運動項目則無此功效。

游泳時，由於人在水中，身體受到水流輕輕的摩擦作用，促使皮膚毛細血管中的血液循環和表皮細胞的代謝，從而使皮膚圓滑光潤、富有彈性。

近些年來，一些研究「人體形態」的專家們指出：游泳還有一種令人欣喜的作用，那就是可以幫助人矯正某些不良的體形，塑造正確的健美的體形。游泳時為了提高速度，總要儘量伸展脊椎和各個關節，加長划水動作路線，這對矯正軟骨病的後遺症，如肢體畸形、胸廓不正常、駝背、脊柱側彎是有好處的。

由以上可見，游泳對人是利多弊少，或者也可以說是有益無害的一項健身運動。

第二章

中老年人的游泳技術

一、哪些中老年人不適宜游泳

　　游泳雖然是男女老幼皆宜的運動，但患有嚴重心臟病、耳鼻喉病、皮膚病、性病及精神病的人，暫時不能游泳，等病症痊癒後方可下水游泳，否則既影響自己身體的康復，又容易擴大病源。

　　除以上情況外，老弱病殘的中老年人都能參加游泳鍛鍊，即或患有輕微心臟病、冠心病、糖尿病、心率不整的老年人也能游泳，在醫生的指導下進行醫療游泳，能提高機體的康復能力。

　　傷殘人也可以游泳，不僅身體能得到鍛鍊，還能增強與外界聯繫溝通的能力，鍛鍊意志，樹立信心和樂觀的精神，提高生活的自理能力，使生活充滿歡樂。在傷殘人奧運會上，我國的運動員多次取得世界冠軍，為中國爭得了榮譽。

　　如果您是一位無病或體質虛弱的中老年人，就更應該積極地行動起來，投身於碧波綠水之中，用游泳來鍛鍊您的體魄和意志吧！

二、從何學起

　　中老年人都有了幾十年的生活經歷，積累了不少的生活經驗；但一提到下水游泳，有些人就不寒而慄，顧慮重重，尤其是中老年婦女更是裹足不前，而那些曾經有過一次由於學游泳而喝過水或嗆過水的人，更是心有餘悸。孰不知通過正確的指導，下到水裡摸清了水的脾氣，學會了游泳技術，在水中漫游當別有一番情趣。

　　既增進了健康也鍛鍊了意志，既掌握了一門新的技術，也提高了對外界環境的適應能力，對未來生活更加充滿信心。

　　中老年人初學游泳時，由於身體和心理的特點，與年輕人不同。開始時，應以單獨教學和個別指導為宜；並應選擇適合中老年人特點和簡單易學的游泳姿勢。這樣可以在個別指導下先初步學會一種姿勢，從中積累經驗，提高勇氣和信心。繼而，通過一些輔助練習，使初步學會的游泳技術動作進一步得到改進、鞏固、提高，並為學會其他姿勢打下基礎。

　　本書著重以個人教學指導為主，介紹一些適合中老年人的游泳技術和練習方法，特別是在最初開始學習階

段，尤應注意採用個別指導的方法，創造一個良好的開端。

既如此，那又從何學起呢？這要看個人的具體情況和具體要求而定：你是初學呢？還是會一點兒，或者已學會一種姿勢想學另一種姿勢呢？也可能你是體弱或患有慢性病的人，想通過游泳來醫治疾病。這就需要根據每個人的需求採取不同的指導了。

現在先來談談初學者從何下手。要學會游泳，就得下到水裡去，先了解水的特性。

（一）了解水、熟悉水的特性

一點不會游泳的人，看到水就發慌，一怕水冷，二怕喝水，三怕水火不留情被水吞沒了自己。有的人被水淹過後，就「一朝經蛇咬，十年怕井繩」，甚至有的人還沒下水，就不寒而慄。即或下到齊腰深的水中也會全身緊張，抓住別人不放，深恐被水吞噬了。

其實，學游泳有個規律，摸到了規律，就很容易學會了。

您還記得是怎樣學會走路和騎自行車的嗎？當您掌握了身體的重心，學會了控制身體的平衡並形成自動化後，走起路來就不東晃西晃跌跤了，騎上自行車也就不左右搖擺磕磕碰碰了，這時你就會感受到勝利的喜悅，

充滿信心勇往直前了。

　　同樣，學游泳時，一旦掌握了自己身體在水中漂浮和平衡的能力，利用水的特性，也就很快會使您如魚得水漫遊其中而勝似閑庭信步了。斯時也會覺得水並不可怕，而其樂無窮了。

　　那水又有哪些特性呢？要了解水的特性，就得下到水裡去，摸清水的脾氣。水是軟中硬，人下到水中後，身體會產生與陸上很多不同的感覺。

1. 壓　力

　　當您進入齊胸的水中時，會感到胸部發悶發憋，甚至喘不過氣來，呼吸加速、加深，心跳加快，甚至有點心發慌，手足不知所措。這是水的「壓力」給您的第一個問候（圖2-1）。

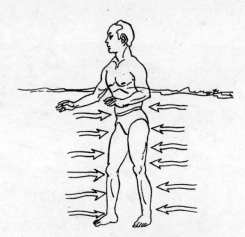

圖2-1　水的壓力衝向全身

2. 阻　力

當您在水中試著邁步走動一下時，又會感到腿不聽自己支配了，邁步向前很費力，水愈深就愈感到邁不開步，這就是受水的「阻力」影響，它是一條無形的戰線在阻擋您前進。水逐漸加深時，由於身體和水接觸面積加大了，當您在前進時，由於身體和水形成的截面積加大，阻力也就隨之增加，倘若您移動的速度加快時，阻力則會與速度加快的程度成平方的正比例增加。如由 $1:1$ 變成 $2:4$、$4:16$……（圖2-2、表2-1）。身體在水中移動時受到的阻力包括正面阻力、摩擦阻力、漩渦阻力。

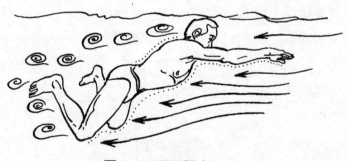

圖 2-2　正面阻力←

　　　　摩擦阻力……

　　　　漩渦阻力 @

表 2-1　速度與阻力平方成正比

速　度	阻　力
1	1
2	4
4	16
8	64
⋮	

3. 浮　力

當您邁步向前移動時，還會感到身體不由自主地左右晃動站不穩，水愈深愈站不穩，前撲後跌，失去控制自身的能力。

這就是水的「浮力」使您在水中變得體重輕多了，有失重的感覺，也有人稱此現象為「升力」。在一定的情況下，可能還會使您完全失去控制自己的能力漂浮起來。我們就是利用這種「浮力」使身體在水面上漂浮，並借助四肢划水和打水的力量向前滑行游進。

但每個人的漂浮能力是不一樣的，這要根據每個人的身體形態結構——身高、體重、肌肉的多少、脂肪的多少來決定每個人的浮力大小。但有一條對每個人都是

一樣的，即「物體在液體中所受到的浮力等於該物體所排開的同體積的液體的重量」。這就是阿基米德定律。物體在水中的浮或沉，要取決於物體比重的大小。比重大於水則沉，相反則浮。要是物體的重量等於它所排開的水的重量，那麼該物體就會浮在水中，位置不變。

人體的比重接近於「1」，也就是說人體和水的比重大致相同，因為 4℃ 的純水的比重為「1」。所以人體在水中有可能漂浮起來。

但是，不同的人有不同的比重，男、女、老、幼都不一樣，即或是一個人，在不同時期也會有不同的比重。因此，人體能否漂浮在水面和浮力好壞，也得根據人的具體分析。

一般來說，身體的比重取決於：

（1）肺通氣量的大小；

（2）骨骼比重的大小；

（3）肌肉的比重；

（4）脂肪的多少；

（5）內臟器官的比重大小及其他。

正因為如此，由於中老年人各自的情況不同，他們的漂浮能力也就不同。但知道了這一原理後就可以幫助我們借助於水的「浮力」學會游泳（圖 2-3）。

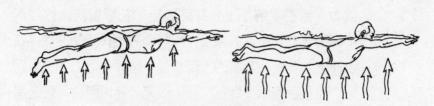

圖 2-3　身體受水的浮力影響上浮

圖 2-4　重力影響身體下沉

4. 重　力

　　當您不了解水的特性時，或者您還沒有掌握身體在水中如何保持平衡時，跳入深水時身體會立即下沉。另外，隨著水的深度加深，您在長時間漂浮後，不加任何動作，也會逐漸沉於水底，這是由於身體「重力」的影響，把你墜入池底（圖2-4）。

　　以上所談到的就是水的特性：壓力、阻力、浮力、

重力。我們了解了這些特點之後，在學習游泳的過程中，要充分利用水的浮力作用幫助我們長時間的漂浮在水面上，並保持身體的「流線型」以減小阻力、克服阻力；而在手划水、腳打水時，要充分利用阻力，使之產生更大的「反作用力」推動身體向前游進，同時克服重力的影響。如此，即可很快地學會游泳。

（二）駕馭水、熟悉水性的練習方法

為了能夠駕馭水，首先就要克服三怕：怕水冷、怕喝水、怕嗆水。根據水的特性，有目的地去體會它，掌握它。具體的練習方法如下：

1. 在水中站立，原地擺臂、擺腿

在齊胸的水中站立，雙臂左右擺動、前後擺動，或雙臂自水下向上撩水、撥水，體會水的阻力。撥動時也可採取不同的方向、不同的速度，進一步體會由於速度的加快，對阻力的大小感覺是否一樣。

做此練習時，最好有陪游人或教師在旁邊保護。一個人練習時，可以一手扶池邊或欄杆，一臂練習。練習時注意兩腳開立，前後稍分開，保持穩定的身體姿勢（圖2-5）。

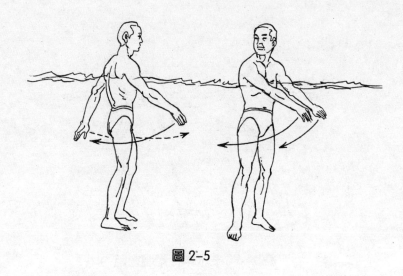

圖 2-5

2. 在水中擺腿和水中行走

　　不會游泳的人，可以先在池邊手扶欄杆或游泳池溢水槽，練習單腿前後、左右的擺動，或握住保護人的雙手練習，體會水對腿的阻力。

　　繼而可以單手扶池邊或拉住保護人的手，在水中用小步行走，年齡愈大愈需要有人陪伴。從小步走到大步走，由大步走到高抬腿走，體會水的阻力，消除怕水心理。

　　經過練習適應後，可一人獨自由慢到快在水中行走，保護人可以在旁邊監護，防止前撲後跌倒入水中

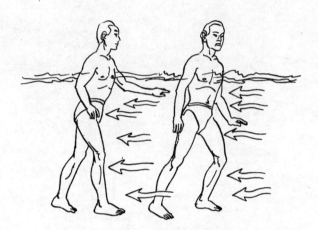

圖2-6　在水中行走體會阻力

（圖2-6）。

3. 由淺水至深水的走動練習

　　單手或雙手扶池邊，左右或前後移動，或握住保護人的手，由淺水區向深水區走動練習。體會由於身體逐漸浸入水中的面積加大，由膝關節部位加深至胸部以上時，給身體帶來的影響——呼吸加快、加深及心跳的變化，體會水對身體的壓力、升（浮）力，以及由此帶來身體晃動和不穩定的感覺（圖2-7）。

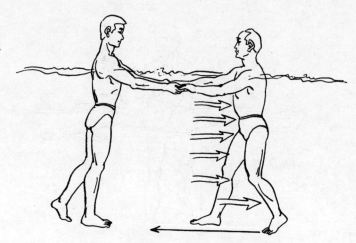

圖 2-7 與保護人牽手走動體會阻力

4.水上漂浮滑行練習

一般情況下，少年兒童或年輕人經過上述初步體驗後，即可練習水中憋氣、水上吸氣和水下呼氣、浮體、水上漂浮滑行等練習。而中老年人做完上述練習後，由於其身體特點，為縮短時間儘快學會游泳，在有人保護指導的情況下，即可進行仰臥漂浮滑行練習或稍有憋氣的俯臥滑行練習。

（1）托扶仰臥漂浮滑行練習

練習目的：體會身體仰臥在水中的身體位置和水的浮力。

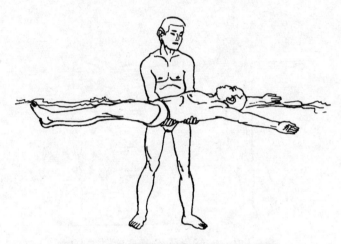

圖 2-8　由保護人雙手托起仰臥漂浮

　　練習重點：敢於在水中仰臥漂浮。

　　練習難點：保持身體在水中平衡。

　　練習要求：全身保持放鬆，適當緊張。

　　練習方法：保護人站在練習者側面，雙手將其托起，仰臥在水面上，使臉部露出水面，頭後仰便於呼吸，兩臂自然放鬆於體側貼近大腿，眼看天花板（圖2-8）。

　　（2）雙手托肩或托頭牽引仰臥漂浮滑行

　　練習目的：體會改變托扶身體的位置後，仰臥時身體浮心和重心的變化影響雙腿自然下沉。

　　練習重點：保持下肢處於水面較高位置。

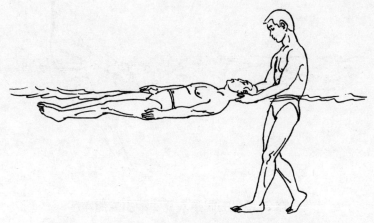

圖 2-9　由保護人雙手托頭後枕骨處仰臥滑行

　　練習難點：保持在水中的平衡能力。

　　練習要求：全身放鬆，適當挺胸展腹。

　　練習方法：練習者由保護人雙手托其肩部或頭後枕骨位置，使之身體後仰成仰臥姿勢。練習者全身放鬆，保持頭部露出水面，隨著保護人向後牽引滑行，此時雙手可在體側做輕微撥水，使雙腿上浮，不致因重力影響而下沉過深，體會不同的仰臥姿勢對漂浮滑行的影響（圖 2-9）。

　　（3）保護人牽引雙臂仰臥漂浮滑行

　　練習目的：體會仰臥雙臂後伸時，由於身體在水中的平直和面積加大，對身體「浮心」和「重心」所產生

圖 2-10　由保護人雙手牽引雙臂漂浮

的變化給仰臥漂浮帶來的影響，使身體上浮。

　　練習重點：保持全身在水中處於較高位置。

　　練習難點：保持身體平臥姿勢。

　　練習要求：全身放鬆，挺胸仰頭，雙臂向後伸展
（直）。

　　練習方法：練習者由保護人牽引雙臂，使身體保持
較高仰臥姿勢和平衡，隨保護人向後移動漂浮滑行。注
意挺胸抬頭，雙臂向後伸直（圖 2-10）。

　　做上述三個練習時，保護人也可在練習過程中偶爾
短時間脫保，使練習者體會身體的重力影響或由於身體
過於放鬆而影響身體下沉，提醒練習者注意在滑行中保
持身體姿勢。

圖2-11　雙手抱浮體仰臥漂浮

（4）胸繫浮體仰臥漂浮滑行

練習目的：體會獨自帶浮體漂浮仰臥滑行時，身體姿勢的變化和控制身體平衡。

練習重點：保持身體平直仰臥水中。

練習難點：充分利用浮體保持身體較高位置。

練習要求：練習中注意兩腿不要下落或小腿彎曲。仰頭，雙眼看後斜上方。

練習方法：將浮體或充氣球繫於胸前，雙手可抱握浮體或自然放於體側，身體後倒仰臥於水面上（圖2-11）。身體平臥後，雙手可撥壓水使身體上浮，並向前移動滑行。如是雙手抱浮體，雙腿可做較小的上下踢水以保持雙腿不易下沉。

動作熟練後，可加大雙臂撥壓水動作，使身體向前移動。根據身體的漂浮和滑行效果，可逐斷減少浮體，最後取消浮體。

在取消浮體前，一定要掌握好仰臥水面上控制身體

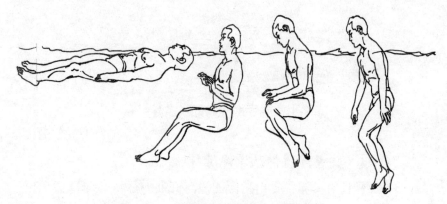

圖 2-12　由仰臥漂浮轉成站立姿勢

平衡的能力，及由仰臥漂浮還原站立的動作。

（5）由仰臥水面還原成站立姿勢

練習目的：為脫保後能自己由仰臥漂浮滑行還原成站立姿勢，為以後學習游泳動作打下基礎。

練習重點：由水面仰臥成水中站立姿勢。

練習難點：雙腿踏住池底站穩。

練習要求：注意低頭、團身、雙腳踏著池底站穩後再站起來呼吸。不要用手擦抹臉上的水。

練習方法：在上一練習的基礎上取消浮體。在保護人保護下，身體後倒成仰臥後，雙手撥壓水，使身體稍向前滑行。

當要還原時，先低頭、含胸，同時雙手臂向後下方

划動，促使身體向前收腹降低臀部，此時雙腿隨之下落，雙腳觸池底站穩後再立起身來（圖 2-12）。

保護人站在練習者體側，開始還原練習時可以給予一點附加力，或幫助他完成還原站立動作，待熟練後即可立於體側觀察其完成動作的程度，以確定下一練習。

三、適合中老年人的游泳技術

當我們體會了身體在水中漂浮和漂浮滑行的姿勢後，即可學習游泳動作。通常在練習漂浮動作時多與下一步學習游泳技術動作緊密結合。那究竟應先學哪種姿勢好呢？中老年人和婦女最好先學「簡易仰游」（簡易反蛙泳），或稱之為「中老年人仰游技術」；中年人體力較好的，也可以先學蛙泳技術。

總之，中老年人開始學游泳時，應在有人陪伴、保護、指導下進行，以採取最簡便的方法並能取得積極效果的游泳方式為宜。

（一）中老年人仰泳技術

中老年人仰泳技術，即簡易反蛙泳技術（圖 2-13），對中老年人來說比較容易掌握。

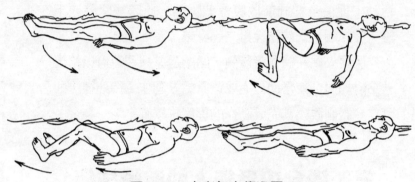

圖 2-13　中老年人仰泳圖

　　仰泳時，身體自然仰臥在水中，好像躺在床上一樣。開始練習時，兩手臂自然放於體側，並稍用力上下划水或撥壓水，兩腿自然收蹬腿，開始時動作要小些，幅度不要太大。由於嘴露在水面上，可以隨著動作自然呼吸，可以不停地呼吸，不必擔心吸不到氣，游起來比較自然、省力，對中老年人和婦女來說容易學會。

1. 老年人仰泳腿部動作練習

　　學會仰臥漂浮滑行後，即可在同伴保護下先學仰泳腿的動作。

　　（1）坐在陸地上，體會收腿、蹬腿的動作（圖2-14）。練習時雙腿自然向臀部收攏，然後向兩側蹬小腿，使之併攏，稍停一會兒，再做第二次。此練習也可

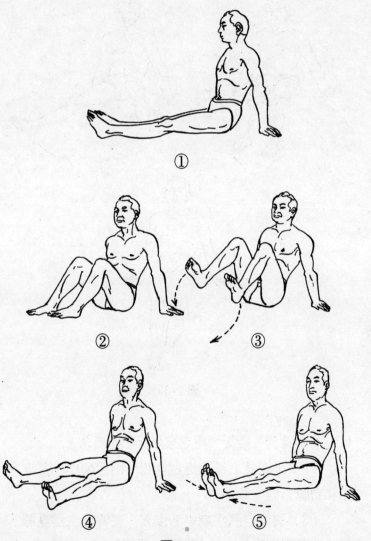

圖 2-14

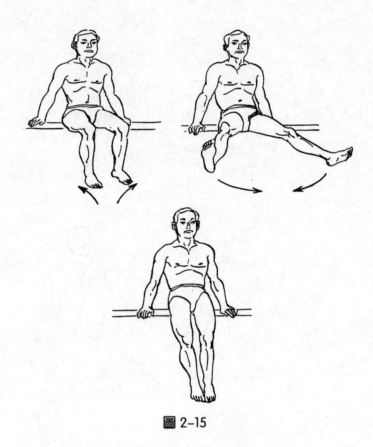

圖 2-15

以在水中練習一段後，用它來加深動作概念。

（2）坐在凳上或池邊做收腿、蹬腿動作，體會用力和蹬腿方向（圖 2-15）。

（3）利用自然水域中的淺灘，雙臂反支撐身體，仰臥使雙腿漂浮起來。做收腿、蹬腿動作。同樣要注意

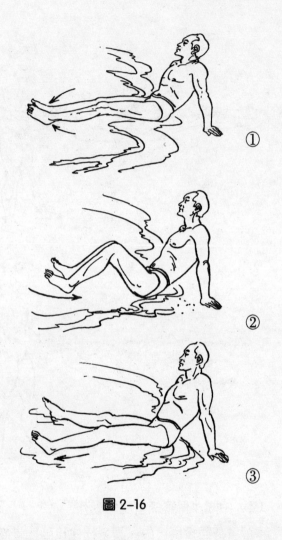

①

②

③

圖 2-16

自然回收小腿，用力向兩側後方蹬腿，併攏一會兒再做
第二次（圖 2-16）。

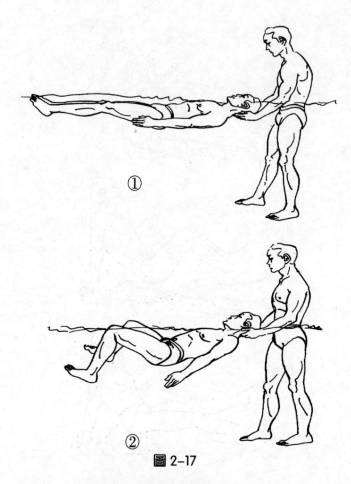

①

②

圖 2-17

（4）由同伴保護練習腿的動作

　　練習者身體後倒，由保護者托住後腦枕骨處，使身體漂浮起來，做收腿、蹬腿練習。保護人可以隨時提醒練習者注意收腿和蹬腿的方向，並可隨練習者蹬腿向後

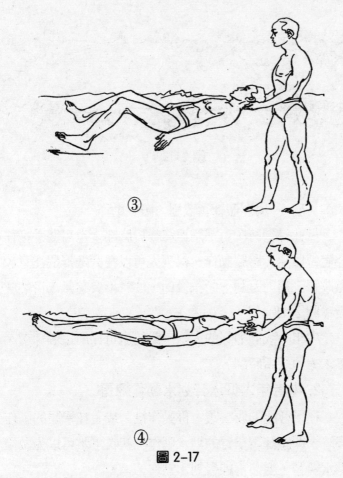

③

④

圖 2-17

移動，使練習者體會蹬腿後產生的動力推動身體前進
（圖2-17）。

　　練習者在蹬腿時，還可用雙手撥壓水或向後輕微划
水，以提高身體上浮和向前的浮力和動力。

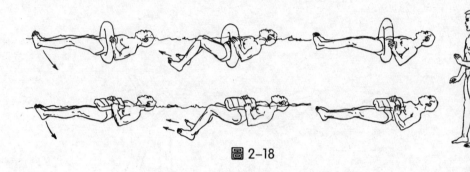

圖 2-18

（5）利用浮體練習收腿、蹬腿動作

做此練習時，可採用浮體繫於胸部，也可雙手抱住浮體做收腿、蹬腿動作。保護人可以在旁邊提醒注意放鬆收腿、用力蹬腿、頭稍後仰，注意不要憋氣，自然呼吸（圖 2-18）。

中年人或體力好的人，一開始也可採用這個練習，以求縮短練習時間。

2. 中老年人仰泳臂划水動作練習

在學會腿的收、蹬、併動作後，或者在學腿的動作同時，即應練習雙臂的划水動作，初次下水可以先做撥壓水練習，繼而再練習划水動作。

（1）在陸上站立，雙臂自然下垂於體側，掌心向大腿。開始時，前臂外旋，手掌隨之外翻；兩掌心向前；隨後前臂內旋，手掌隨之內旋，並向後下方翻轉，做撥壓水動作的模仿練習（圖 2-19）。

（2）在陸上原地站立，模仿划水動作。開始時屈
肘前臂稍側斜上舉，掌心向前，隨後前臂自兩側向下、
向內划，掌心隨之向下、向後，模仿兩臂在體側的划水
動作（圖2-20）。

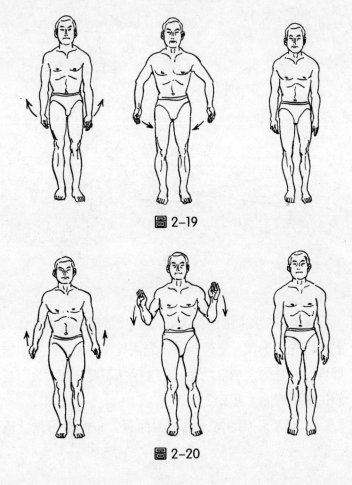

圖 2-19

圖 2-20

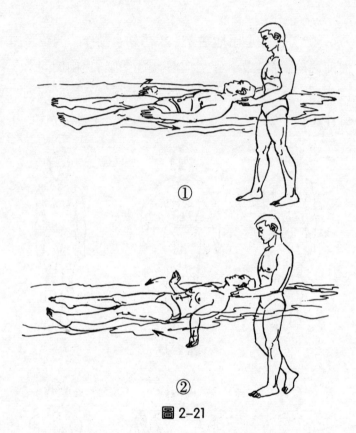

圖 2-21

（3）在水中由保護人托起，練習雙臂划水動作。動作可先小後大、先輕後重、先慢後快。老年人可以根據自己力量的大小自然地划水，手指不要分開太大，自然併攏稍彎曲（圖 2-21）。

此練習可原地做，也可由保護人推動滑行做（圖 2-22）。

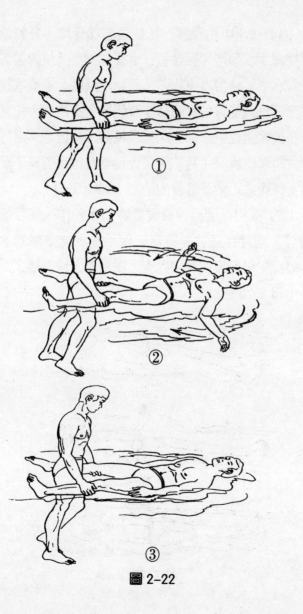

①

②

③

圖 2-22

（4）在水中由保護人托住頭部枕骨處，身體漂浮練習雙臂划水動作。保護者一定要注意不要使練習者頭部沒入水中，練習者要抬頭、挺胸、展腹，不要收腹致使臀部下沉。雙臂划水時動作要輕，全身放鬆，注意呼吸。在練習過程中，保護人可視練習人身體漂浮滑行的情況做短暫的脫保，最初脫保後可能會出現雙腿下沉的現象，保護人可給予適當的助力（同圖2-21）。

（5）採用浮體漂浮練習雙臂划水動作。將浮體繫於胸前，兩臂自然放於體側，做手掌內旋下壓划水動作，繼而屈肘前臂側舉向內旋下壓划水，使身體上浮和前進（圖2-23）。

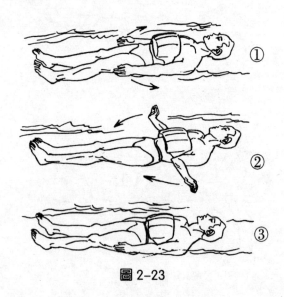

圖 2-23

3. 練習腿、臂、呼吸的配合動作

漂浮滑行、腿蹬水、臂划水動作初步學會後，即可練習簡易仰泳的完整配合動作。

（1）由保護人托頭部枕骨處，使身體漂浮後練習：先蹬腿後划臂的配合動作，自然呼吸；中老年人開始練習配合動作時，也可以採用蹬腿、划臂同時進行，隨著身體向前、向上時自然呼吸（圖2-24）。

一般來說，老年人適合採用腿、臂同時起動配合為宜，但動作幅度不要過大。而中年人則可採用先蹬後划的配合動作，這樣可以充分利用腿、臂的力量。

（2）採用浮體練習腿、臂配合動作。做這個練習時，注意浮體繫的位置，不要影響雙臂划水的動作。隨著動作掌握的程度，浮體可逐漸變小最後取消，進行徒

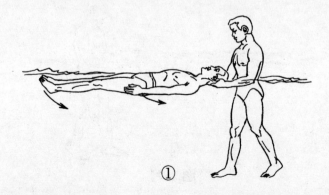

①

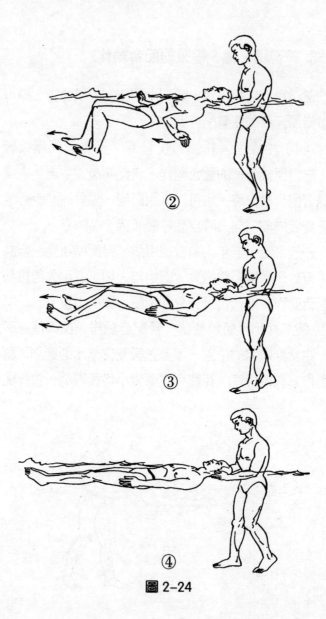

②

③

④

圖 2-24

手練習。

（3）蹬離池壁（底）身體後倒漂浮滑行，借力練習腿、臂的配合動作。

①可先蹬 3 次腿划 1 次臂。

②然後蹬 2 次或 1 次腿划 1 次臂。做上面兩個練習時，要根據個人在水上漂浮滑行的時間長短和個人的習慣來進行。初學者採用多蹬腿少划臂或小划臂（即在體側撥壓水即可），容易使身體上浮和向前游動，避免顧腿顧不了手、顧手顧不了腿的慌亂動作。

（4）加長距離游簡易反蛙泳 10 公尺→15 公尺→20 公尺→25 公尺→50 公尺。在游進中進一步加強腿、臂動作配合的協調性，輕鬆自然地游進。

（5）加強和提高動作效果的練習，當能游 25 公尺後，應提高動作的效果，加強蹬腿、划臂動作的力量和動作幅度。

要提高蹬腿效果，應注意蹬腿後的雙腿併攏動作，同時注意蹬腿後身體的滑行動作。稍停再做第二次蹬腿，檢驗蹬腿的力量。提高划臂的效果可以延長前臂和手掌向後、向下的推壓水動作，從身體的向前、向上移動位置可檢驗划水的效果。

（6）加強呼吸動作的練習。能游 50 公尺距離後，應注意改善呼吸技術與臂、腿動作的緊密配合，呼吸要

有節奏，不要忽快忽慢，忽深忽淺。

（7）形成個人的技術動作。當能游 100～200 公尺後，除要注意完整動作的協調配合外，還要根據個人的特點選擇適合自己的游法，這樣就可以在長游中去體驗、去摸索，總結出自己的仰泳技術，到那時，自己在游進中就能聽其自然了。

（8）已會另外一種游泳技術的中老年人，在練習簡易仰泳技術時，只要把身體轉成仰臥，能夠漂浮水面並按上述方法練習，即可很快學會。

4. 中老年人學習仰泳（簡易反蛙泳）技術的注意事項

（1）練習中身體一定要放鬆，不要緊張。要逐漸脫保，開始脫保時保護人一定要在旁守護。

（2）腿臂配合動作要協調。練習中如感覺不順利時，雙臂可在體側多做划壓水，同時輕微地蹬腿，頻率不宜太快，否則會造成腿部下沉。當配合動作平穩、身體上浮較高時，可重新加入划臂，繼續向前游進。

（3）在增加距離長游之前，必須掌握好呼吸配合和自控能力。

（4）在游進中，如身體下沉影響呼吸時，可稍憋氣，頭向後仰，雙手用力撥壓水，使上體浮起，頭嘴露

出水面，即可保證呼吸。

（5）當上體後倒時不要用力過猛，要自然向後伸展，否則會造成身體下沉，使頭沒入水中而導致慌張。

（6）在練習中要多看、多想、多做，即多看別人怎樣游，多想自己哪兒游得不對，分析錯在哪裡，多在練習中體會、改進。

（7）如果學仰游前已會其他泳式，可以交替練習，提高興趣。

（8）在下水前，頸、膝、踝、髖、腕各關節應做好準備活動，練習結束後要放鬆，特別是初學仰泳者，要使頸部儘快恢復疲勞。

5. 學習俯臥漂浮滑行，提高適應水的能力

學會了簡易仰泳，並能游一定的距離後，應學會在水中俯臥保持身體平衡向前滑行的技術，以便為學習側泳、蛙泳等技術打下基礎，提高在水中的活動能力。

（1）頭浸入水中練習憋氣和水中呼氣

中年人可以在別人的保護幫助下，將頭全部浸入水中同時憋氣、吐氣、睜眼看池底。憋氣時間愈長愈好（圖2-25）。

開始練習時可以只做憋氣練習，頭出水後再呼氣、吸氣，然後再做第二次，繼而可以在水下用嘴徐徐吐

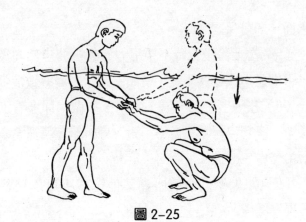

圖 2-25

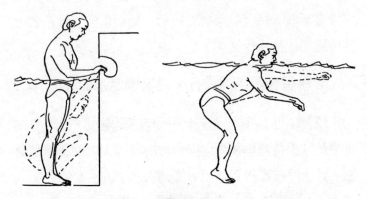

圖 2-26

氣，待將氣吐光時，抬頭露出水面用嘴吸氣，切記不要用鼻吸氣。

　　老年人練習憋氣時，可以只把臉沒入水中稍憋氣。開始時深吸一口氣——閉氣把臉放入水中——稍憋氣即抬頭出水——在水面上呼氣、吸氣（圖 2-26）。

（2）由保護人牽引漂浮滑行

練習者半蹲，雙臂前平舉，吸氣後，低頭、閉氣向前撲出，使身體俯臥水中，保護人在其身前用雙臂牽引向前，隨之向前滑行。根據練習者閉氣的能力，滑行距離可長可短，意在體會俯臥滑行時的身體姿勢。

（3）團身、抱膝漂浮和還原站立練習

練習開始時，原地在齊胸水中站立，先深吸一口氣，低頭下蹲，雙手抱膝靠近胸部。由於憋氣，此時團身漂浮於水面，浮力好的脊背可以露出水面。

漂浮稍停後，雙臂前伸，並且自上向下壓水，同時收腹、臀部下降、雙腿下落，隨雙手臂下壓抬頭，雙腳落地站穩頭，出水後張嘴吸氣（圖2-27）。

做此練習時，要有人在旁邊保護，必要時可以托其胸部，使之站起。

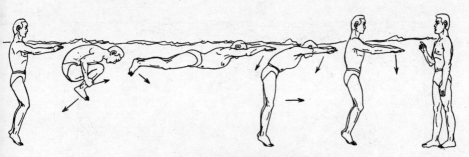

圖 2-27　抱膝浮體漂浮還原站立

（4）大字型水中漂浮和還原站立練習

當練習者在水中成抱膝團身浮起後，可將雙臂前伸，兩腿後伸。整個身體成「大」字型或成「水母」狀，在水中稍漂浮後，當欲還原站立時，雙臂向下壓水、收腿、收腹，同時抬頭使身體在水中成半蹲姿勢，當雙腳站穩時，雙臂繼續向下壓水，使頭露出水面，身體隨之站起張嘴呼吸（圖2-28）。

老年人可以不做此練習。

（5）拉、托、推漂浮滑行練習

在保護人幫助下，由保護人於體前方「牽引（拉）」向前滑行。當身體經過保護人面前時，保護人用手「托」其腹部，使之不會下沉。當練習者雙腿經過保護人後，保護人雙手握其腳並用力向前推出，使之繼續漂浮滑行向前。這個練習要求憋氣時間長，適合中年

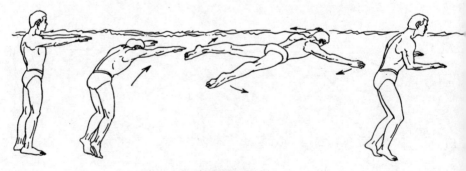

圖 2-28

人做（2-29）。

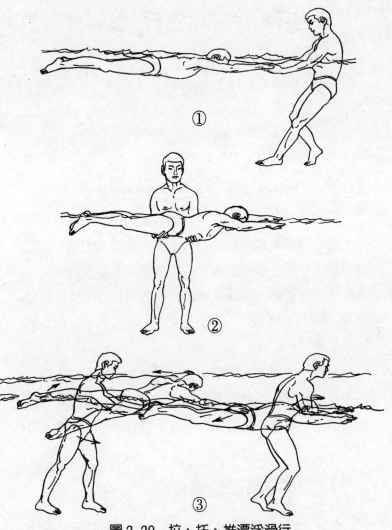

圖 2-29　拉、托、推漂浮滑行

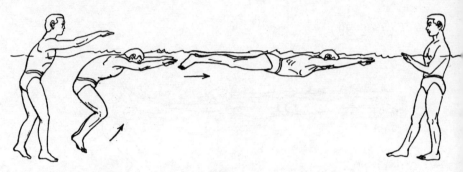

圖 2-30

（6）蹬離池底做俯臥漂浮滑行練習

練習者雙腳前後開立，雙臂向前伸出，上體前倒貼近水面，吸氣後憋氣低頭沒入水中，前腿用力蹬池底，後腿跟上，使上體向前衝出成俯臥漂浮向前滑行。

做此練習時，保護人應站在練習者前方或體側觀察其漂浮滑行情況，必要時給予助力和保護（圖2-30）。

上面的幾個俯臥漂浮滑行練習，主要是使初學游泳的中老年人，在學會簡單的反蛙泳後，進一步提高自己在水中控制身體平衡的能力，為學習側泳和蛙泳打下基礎。

（二）中老年人側泳技術

側泳，對中老年人來說，也是一種易於掌握的游泳

技術。

　側泳的特點主要是，身體在水中有如側臥在水面上。根據個人的習慣，可以向左側臥，也可以向右側臥。游進時，雙臂同時划水 1 次，兩腿做 1 次剪腿動作，呼吸 1 次（圖 2-31）。

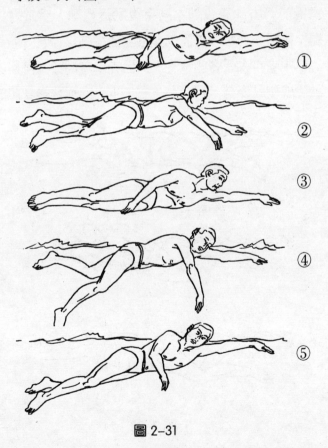

圖 2-31

中老年人游側泳時，雙腿也可做蹬夾腿動作，自然呼吸，頭部可以始終保持在水面上（也可半部浸入水中）（圖2-32），肩軸幾乎與水平面垂直，稍稍偏向胸側（圖2-33），前臂在水中伸向前方在水下向後划水，划水結束在腹前下方，然後再伸向前方。上臂划水經胸前下方向後，划水結束後貼近體側，手掌靠近大腿；兩腿蹬剪水後併攏，並沿身體縱軸線伸直。

　　中老年人學習側泳時，如已先學會仰泳，身體由仰臥變成側臥姿勢，可向左（右）下、向裡翻轉身體成左

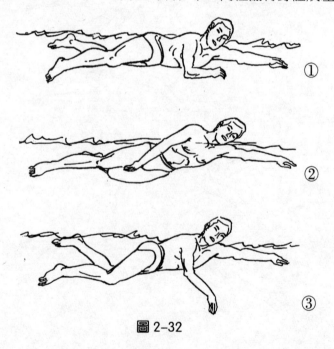

圖 2-32

（右）側臥身體姿勢；如已學會俯臥轉成側臥時，身體
可向右上（左上）方翻轉成左側（右側）臥身體姿勢，
主要依個人轉動方便為宜，使身體成側臥姿勢（圖
2-34）。

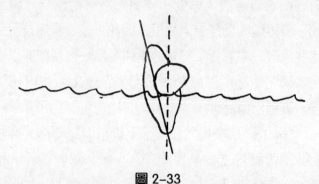

圖 2-33

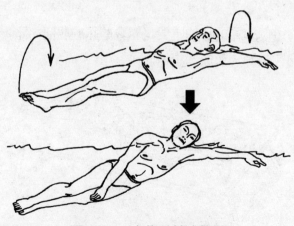

圖 2-34　由仰臥轉成側臥

1. 中老年人側泳腿部動作練習方法

中老年人在初學側泳時，首先也是練習側泳雙腿的剪腿動作，或者說是蹬夾動作。側泳剪腿動作的好壞，對向前游進有很大影響。兩腿的蹬夾動作是同時進行的，但兩腿的動作方向相反，因此，較反蛙泳技術稍複雜些，但只要掌握了剪腿的動作要點，很快就能學會。

練習側泳的剪腿動作，可先在陸上做些模仿練習後，再到水中練習。

（1）側臥在長凳或臺子上模仿剪腿動作。開始時上（前）腿向上向前提收，下（後）腿向後伸，稍屈膝，然後雙腿同時向中間（身體縱軸）蹬夾，即形成剪腿動作（圖2-35）。

這個練習的目的主要是體會剪腿的收腿、蹬夾腿的方向和路線，形成初步概念。

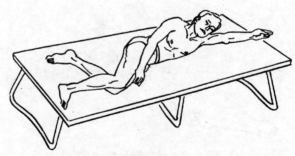

圖 2-35

（2）原地站立。一腿支撐，一腿向上抬起與上體成 90°角，然後用力向下向後蹬直落地。另一腿向後屈膝，然後用力向下向前蹬直落地。此練習的主要目的也是體會兩腿不同的收腿形式和兩腿相反的蹬夾動作（圖2-36）。

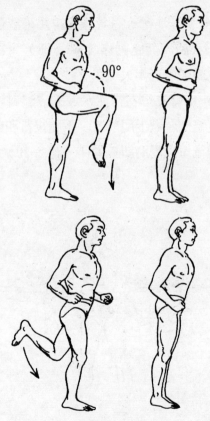

圖 2-36

（3）水中練習剪腿動作。開始時，由保護人托扶或側抱初學者的腰際，使身體側臥於水面上，一臂前伸，一臂放於腿側。在保護人的「收腿」「蹬夾腿」的提示下，做上腿前收、下腿後背和剪腿動作練習（圖 2-37）。

（4）雙手握池槽，將身體支撐起來成側臥姿勢練習收腿、蹬夾腿和剪腿動作（圖 2-38）。身體好的中年人可做此練習，老年人可以不做。

（5）一手臂支撐在自然水域的淺灘斜坡上，一手臂自然放於體側，做上腿前收、下腿後背和剪腿動作。保護人在體後可以幫助糾正動作（圖 2-39）。

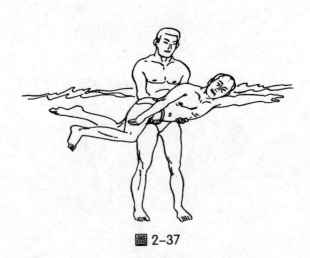

圖 2-37

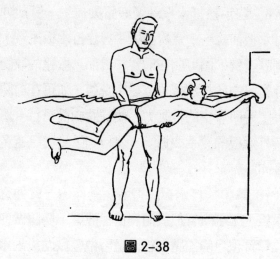

圖 2-38

圖 2-39

（6）雙手扶打水板練習剪腿動作。一臂前伸用手握住打水板前緣，一臂彎曲用手握住打水板尾端，使身體成側臥姿勢，頭可躺在前臂和肩部，做腿的收腿、蹬夾腿練習。由於打水板可以穩定身體，並可在剪腿時體會蹬夾腿時所產生的推動力，使身體向前滑行。應注意的是持打水板的雙手要握牢。保持側臥姿勢，避免翻轉（圖2-40）。

（7）單手扶打水板練習剪腿動作。一臂伸直扶壓在打水板上，另一臂放於體側自然放鬆，雙腿做剪腿練習。放鬆臂也可隨前腿向後蹬腿時做輕微向後划水動作（圖2-41）。

（8）由保護人牽引漂浮滑行做剪腿動作。身體成側臥姿勢，一臂向前伸直，握住保護人的手，由其牽拉向前，做腿的剪腿動作，另一臂自然放於胸側，也可隨前腿向後蹬腿時做輕微划水動作（圖2-42）。

圖2-40　雙手扶板練習

保護人在牽引中逐漸後退，並觀察練習者的動作情況，如身體由於收腿動作而下沉時，可以給予助力，向上提拉和保護。

　　（9）脫保練習側臥剪腿動作。練習者身體成側臥水中姿勢，一臂向前伸展伸直，頭部偏臥於肩上，另一臂放鬆，兩腿做剪腿動作。練習中收腿時臂不要彎曲，可保持適當緊張伸直，避免由於收腿蹬腿動作而影響身體側臥姿勢和下沉（圖 2-43）。

圖 2-41　單手扶板練習

圖 2-42　由保護人牽引練習

圖 2-43　脫保側臥練習腿的動作

2. 中老年人側泳臂部動作練習方法

在學習側泳剪腿動作時，也可以加入臂部划水動作的誘導練習，體會臂划水的動作路線和方向，具體練習方法如下：

（1）陸上模仿側泳雙臂划水動作

原地站立，一臂上舉伸直，另一臂下垂放於體側。開始時，上臂向下用力做划水動作，划至腹部再放鬆前伸；同時，前臂開始自下向上放鬆前伸，繼而用力向後划水，划至體側；兩臂在划水動作中，在胸前有一交叉動作，當雙臂划水結束時仍還原成開始姿勢（圖2-44）。

（2）陸上模仿側泳臂划水動作

原地雙腿向側開立，一腿弓（屈膝）一腿繃（伸直），一臂伸向側面，頭側倒枕於伸直臂肩部，另一臂

於胸前做向後划水的模仿動作，體會上臂由頭前經胸部
沿體側向後划水的動作（圖2-45）。

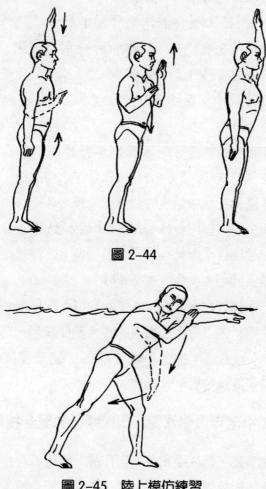

圖 2-44

圖 2-45　陸上模仿練習

同時，伸直臂也可做向前下方、向後划水後經胸前向前伸臂動作。

此練習也可在水中練習。

（3）陸上模仿側泳雙臂划水動作

原地站立姿勢同前，開始時，上臂經腰側、胸前向頭前方輕鬆前移，繼而用力向後划水；下臂（伸直臂）由頭前經肩、胸部側下方向後划水；兩臂在胸前交叉（圖2-46）。

（4）水中模仿側泳臂划水動作

練習方法同（2）（3），只是在水中進行，可以體會側泳雙臂在水中划水的動作（同圖2-46）。

（5）一手扶打水板做側泳划水動作

一手扶打水板前端，頭側臥於肩上，身體成側臥姿勢，做上臂划水動作（圖2-47）。

一手扶打水板尾端，頭側臥於打水板尾部，身體成側臥姿勢，做下臂自前而後的划水動作練習。

（6）由同伴抱住小腿或膝部，使身體成側臥姿勢，練習側泳雙臂划水動作。

3. 中老年人側泳臂、腿、呼吸的配合技術

在掌握了側泳腿和臂的動作後，即應進行側泳的完整配合技術練習。中老年人側泳的完整配合技術有三種

①

②

③

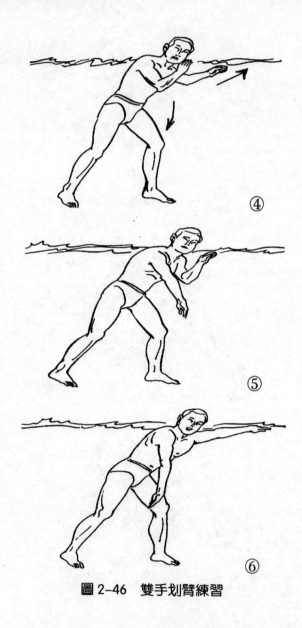

圖 2-46　雙手划臂練習

圖 2-47　扶板上臂划水練習

形式：

（1）單臂划水側泳。

（2）雙臂同時向後划水側泳技術。

（3）雙臂交叉向後划水側泳技術。

以上三種側泳配合技術都可選用，第（1）（2）種技術適合老年人採用，既省力，身體也易漂浮，第（3）種適合中年人或提高側泳技術或加強動力時採用。但動作幅度較大，初學者容易造成側臥身體姿勢失去平衡的情況。

（1）單臂划水側泳技術

身體側臥，一臂始終伸向前方，頭側臥於肩上（圖 2-48①）。開始游動時，另一臂由體側向前移臂，經腰部、胸前至前臂腋下，當划水臂前移時，上體稍轉向胸側，以便於上臂前移和向後用力划水（圖 2-48②

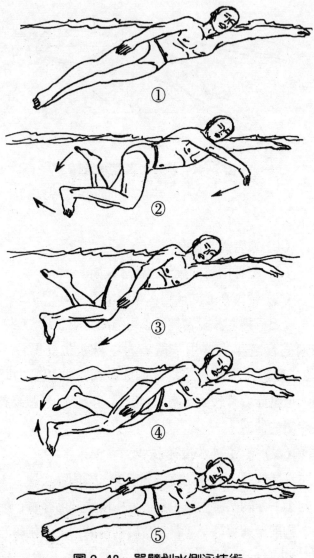

圖 2-48　單臂划水側泳技術

③）。當臂前移時，雙腿分開，上腿前抬下腿後背彎曲。當上臂向後划水時，雙腿用力蹬夾剪腿（圖2-48④⑤）。此時，當身體處於最高位置成側臥姿勢時吸氣，亦即划水剪腿同時結束時吸氣，臂前移時呼氣。此為一個動作周期。

（2）雙臂同時向後划水側泳技術

身體側臥，開始划水時，一臂前伸，另一臂屈肘於胸前，手掌在下臂肩部（圖2-49①②）。划水時雙臂同時用力向後沿胸前向後划水，同時雙腿前抬後背分開

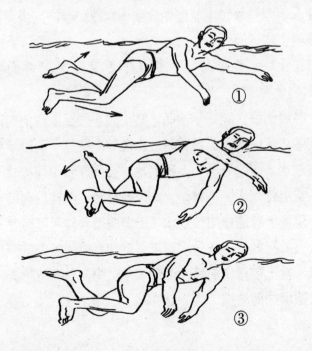

圖 2-49　雙臂同時向後划水側泳

並用力剪腿（圖 2-49③④）。

划水、蹬腿，同時身體向前向上時吸氣，隨後，雙臂在水下向前移臂，並開始收腿。此種配合技術也可採用隨機自由呼吸。

（3）一臂在上、一臂在下雙臂交叉同時向後划水側泳技術

身體側臥，開始划水時，當上臂經腰部、胸前向前由空中（或由水下）移臂時，上體轉向胸側，同時下臂向後划水，兩腿分開，上腿前抬，後腿屈膝小腿後背。

當上臂划水、下臂划水結束前移時，兩臂於胸前交叉，隨後上臂繼續向後划水，上臂繼續前伸。同時雙腿做蹬夾剪腿動作。當划水結束下臂伸直成側臥姿勢時，吸氣。當上臂再次前移、下臂划水至胸前交叉時呼氣。如此循環向前游進（圖 2-50）。

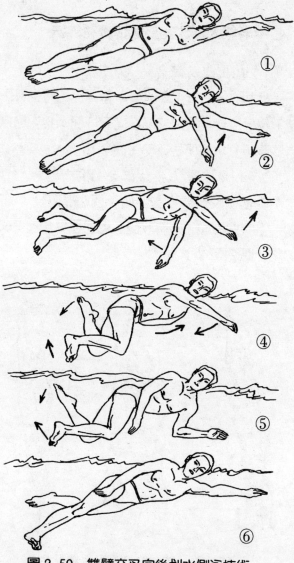

①

②

③

④

⑤

⑥

圖 2-50　雙臂交叉向後划水側泳技術

4. 中老年人側泳完整配合練習方法

（1）陸上模仿練習

原地站立，一臂上舉一臂下垂。開始時上臂下划，下臂上舉，兩臂於胸前交叉，同時一腿上抬，隨兩臂還原時將腿蹬直，成開始姿勢（圖2-51）。

（2）側臥長凳上模仿配合動作

由身體側臥伸展姿勢開始（圖2-52①），下臂向後划，上臂向前移，同時收腿，繼而雙臂體前交叉，雙腿剪腿（圖2-52②）。

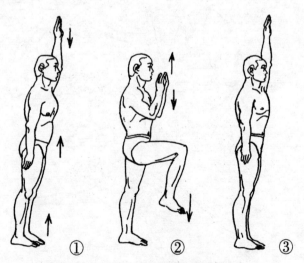

圖2-51　陸上模仿側泳腿臂配合

（3）水中練習

一臂前伸扶打水板，一臂划水，同時做上腿前抬、下腿屈膝小腿後背並做剪腿的相互配合練習，可自由呼吸（圖 2-53）。

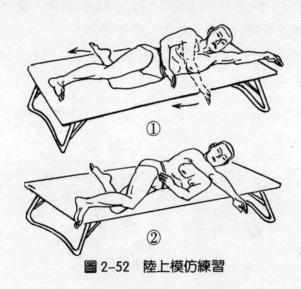

①

②

圖 2-52　陸上模仿練習

圖 2-53　水中扶板練習

（4）在水中成側臥一臂前伸的開始姿勢，游動時上臂划水，下臂始終保持前伸姿勢，同時配合雙腿的收腿、剪腿蹬夾動作配合（圖2-54）。

（5）在水中成側臥姿勢後，雙臂同時在水下向後划水，同時配合雙腿收腿、蹬夾剪腿的動作，當身體處於較高位置時，自然呼吸（圖2-55）。

（6）中年人可以做雙臂胸前交叉或上臂由空中前移的配合技術（圖2-56）。

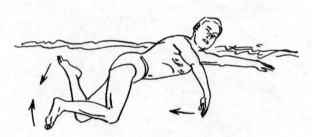

圖 2-54　水中練習

圖 2-55

圖 2-56

（7）一旦初步掌握側泳技術後，即應逐漸加長游進距離，在長游中改進動作，使之逐步完善。

（8）如已學會另一種游泳姿勢，可做交替游練習，對促進和改善技術更有利。

5. 中老年人學習側泳的注意事項

（1）不會游泳的中老年人，如先學側泳時，也要先體會一下水的特性，在掌握水中漂浮滑行的基礎上，再學側泳。

（2）初學者一定要在有人保護的情況下練習。

（3）隨時注意身體的側臥姿勢。

（4）要保證頭始終在水面上，注意自然呼吸，不要憋氣。

（5）如暫時或做不到剪腿動作時，不要勉強。只要雙腿能夠做到前後分開，有蹬夾的動作即可使身體上

浮和前進,但要防止放鬆的踹(蹬)水動作。

(6)最好是在先學會簡易仰泳或簡易蛙泳的基礎上,再來學習側泳,尤其是在學會簡易蛙泳後再學側泳,可取得事半功倍的效果。

(三)中老年人蛙泳技術(簡易蛙泳)

蛙泳,是最古老的一種游泳姿勢,是模仿青蛙動作的一種泳式。早在 2000～4000 年前,中國、埃及、希臘、古羅馬就已有類似蛙泳姿勢的游泳了。

由於蛙泳省力,便於呼吸,可以游很長距離,容易辨別方向。同時可以觀察到前方和身體兩側水面的情況,還可以攜帶物品游進,實用價值很大。可以利用其拯救溺者,所以人們都喜愛它。

一般蛙泳技術的特點是:雙臂同時划水 1 次,雙腿蹬夾腿 1 次,呼吸 1 次(圖 2-57)。中老年人的蛙泳技術可以根據個人的特點和習慣,不受上述規定動作的限制,選擇適合自己的蛙泳技術。中老年人的蛙泳技術,又稱為簡易蛙泳技術(圖 2-58)。

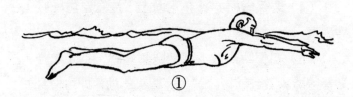

①

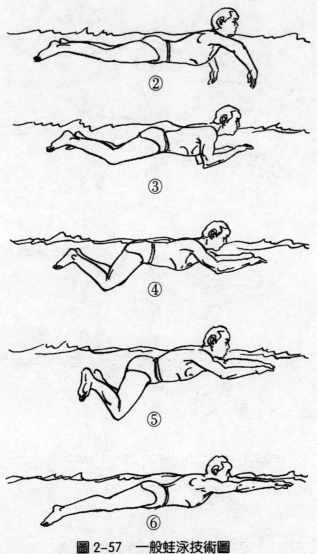

圖 2-57 一般蛙泳技術圖

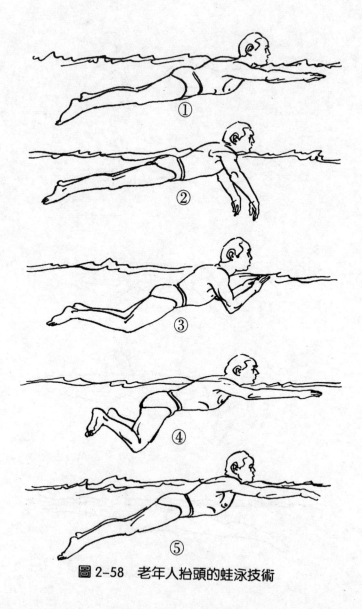

圖 2-58　老年人抬頭的蛙泳技術

1. 中老年人蛙泳技術特點

現代競技蛙泳技術中，運動員的身體姿勢較高，尤其是在雙臂划水時，身體起伏很大，上身幾乎始終在水面上，而一般游蛙泳時身體較平（圖2-59），而中老年人游蛙泳時，特別是初學者，由於下肢較重，身體成低平或較低的姿勢（圖2-60），下肢有時會下沉過深，形成較大的身體截面，上體向上翹起，甚至成半直立狀。

如發現腿部下沉，不能保持身體成水平俯臥姿勢

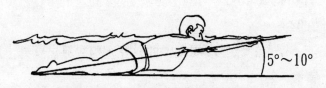

5°～10°

圖2-59　一般蛙泳身體姿勢

10°～15°

圖2-60　中老年人蛙泳身體姿勢

時,可以採取低頭的方法來矯正,使身體重心上移與浮心靠攏。以保持身體成較好的俯臥姿勢,這樣有利於做蛙泳的腿、臂動作。

體重過大的中老年人,為了防止身體下沉,可以加強兩臂划水的動作,特別是雙臂划水的方向可稍向下壓,即向斜後下方划水,使身體上浮。但這種身體姿勢兩臂的負擔很重,頭後頸部肌肉容易疲勞。

身體容易立起的另一原因,是由於雙腿蹬水的方向過低,產生向上的力量多於向前的力量,引起在收腿時上體下沉。因此,初學者應特別注意身體俯臥的水平姿勢和低頭動作,以改變身體容易下沉的現象(圖2-61)。

學習蛙泳有個規律,即打好基礎,抓住關鍵,反覆實踐。

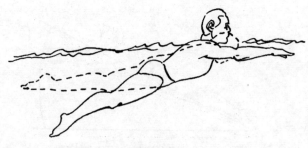

圖 2-61

2. 中老年人蛙泳腿部動作練習方法

在學習蛙泳時，掌握好蛙泳腿的蹬夾動作是學會蛙泳的基礎，一旦學會蛙泳腿的動作，即等於學會蛙泳的一半。

蛙泳腿部動作可分為收腿、蹬夾腿兩個環節，它們是緊緊相連的（圖 2-62）。從身體俯臥姿勢開始先收腿。收腿時，兩腿同時向前回收。收腿時用力要小，速度要適當，不宜太快。過快、過慢都會影響整個動作的配合。中老年人在做收腿時，只要能用大腿帶動小腿向

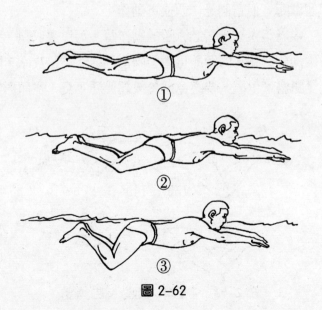

①

②

③

圖 2-62

臀部靠近，大腿和上體成一個「鈍角」，小腿和大腿成一個「銳角」即可。中老年人蛙泳收腿的另一種方法是：只要在收腿後能為蹬水做好一定的準備即可（圖2-63）。

收腿結束後，雙腿即可同時向後稍側下方用力蹬水，同時邊向後蹬邊向內夾水，最後，兩腿併攏。中年人關節靈活的在收腿結束前，為了加大蹬水面積，可以做一個「向外翻腳動作」，以提高蹬水效果。老年人可不必做此動作。

所以，蛙泳腿的動作可以概括為收、翻、蹬夾、併四個環節，但它們是一個連貫動作。

中老年人在練習蛙泳腿的動作時，可以邊收腿、邊向兩側分開腿。隨後即可用力向兩側後下方蹬夾水，隨後雙腿儘量併攏，要避免過於放鬆使腿下沉，從而影響

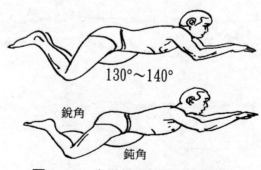

130°～140°

銳角

鈍角

圖 2-63　中老年人蛙泳腿的角度

兩臂划水動作。

蛙泳腿蹬夾技術的練習方法：

（1）陸上模仿腿的蹬夾動作

坐在陸地上或方凳上做收腿、蹬夾腿的動作，體會蛙泳收腿時大腿帶動小腿的動作，此時大腿回收、小腿放鬆緊隨其後；體會蹬夾腿時，大腿用力推動小腿向後蹬夾水的動作（圖2-64）。

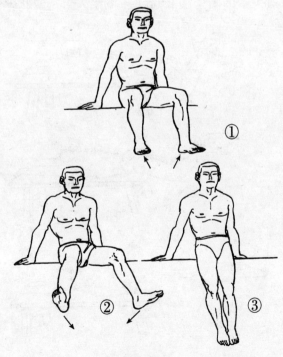

圖 2-64

中年人還可按收腿、翻腳、蹬夾腿、併腿的順序加入翻腳動作。

（2）俯臥凳上做收腿和蹬夾腿動作

體會俯臥姿勢時，兩腿回收的路線（圖 2-65）、回收的程度和蹬夾水的方向。

（3）俯臥凳上，中年人可做收腿、翻腳、蹬夾腿、併腿的動作，體會向外翻腳的動作，為在水中提高蹬水效果做準備（圖 2-66）。老年人可不做此練習。

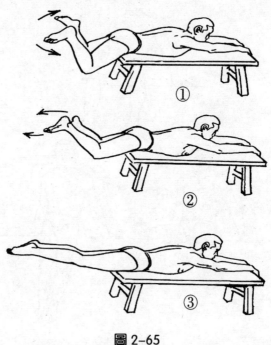

圖 2-65

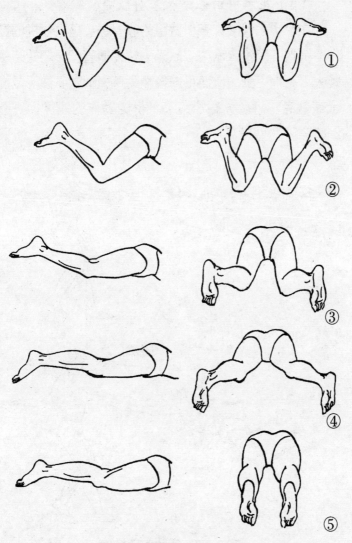

圖 2-66

（4）在水中由保護人牽引做腿的練習

在水中由保護人牽引做腿的收、翻、蹬夾、併的動作。練習人頭沒入水中，憋氣，雙臂伸直做。開始時保護人可原地不動，繼而可向後移動牽引練習者做，並提示練習者注意收、翻、蹬夾、併的動作的連貫性（圖 2-67）。

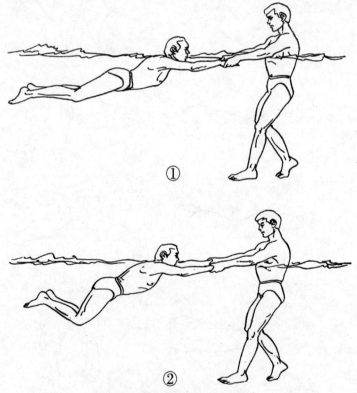

①

②

圖 2-67　牽引收腿練習

（5）在河流淺灘斜坡上雙臂支撐身體成俯臥，做
收腿、翻腳、蹬夾腿、併腿動作（圖 2-68）。

（6）在泳池中雙手握水槽，將身體撐起成俯臥，
練習收腿、蹬夾腿動作（圖 2-69）。

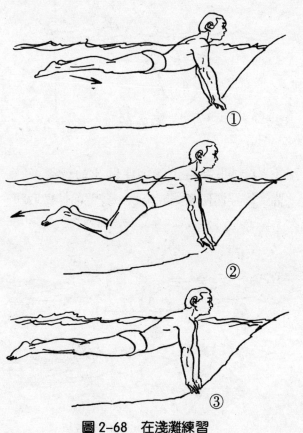

圖 2-68 在淺灘練習

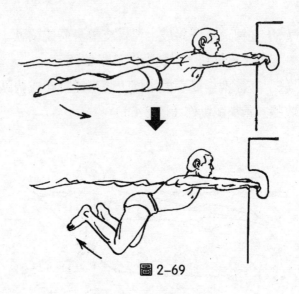

圖 2-69

（7）利用浮體俯臥漂浮做腿的練習

背上繫浮體使身體成俯臥，雙臂前伸做收腿、蹬腿練習（圖2-70）。

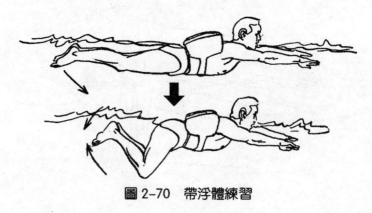

圖 2-70 帶浮體練習

（8）雙手扶打水板練習腿的動作

雙手抓握打水板前端或尾部兩側，做腿的收、翻、蹬夾、併腿練習（圖2-71）。

（9）雙臂前伸身體成俯臥做腿的動作

練習時開始可憋氣，心中默念收、翻、蹬夾、併的動作順序，並使之連貫起來（圖2-72）。

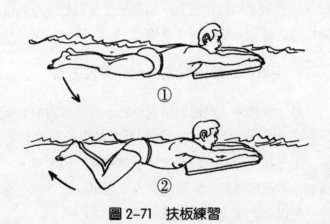

圖2-71　扶板練習

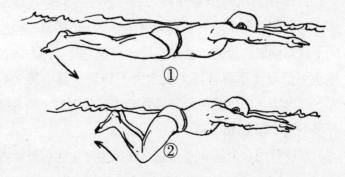

③

圖 2-72 雙手前伸漂浮練習腿的動作

做以上練習時，可由慢到快。但開始時一定注意要把收腿和蹬腿的動作做對，兩腿動作要對稱，否則會影響以後的練習，要打好「基礎」。

3. 中老年人蛙泳臂划水動作練習方法

蛙泳技術中，兩臂對稱同時划水的動作對中老年人學會游泳十分有利。由於臂的動作較腿的動作容易掌握，中老年人游蛙泳時應充分發揮雙臂的划水作用。雙臂划水不僅可以產生向前的動力，還可以產生向上的浮力，所以中老年人應抓住這一特點。

蛙泳臂划水動作可分為划水、收手、前伸幾個環節。兩臂開始划水時，雙臂向兩側分開，同時掌心也由向下轉為側對斜後方。當掌心感到有阻力時，用力向後划水，但兩臂不要分得太寬太大，特別是體重較大的人，更應防止由於雙臂分開過寬造成回收困難，使身體容易下沉（圖 2-73、74）。

當雙臂划水至肩前時，划水即結束，並屈肘雙臂內

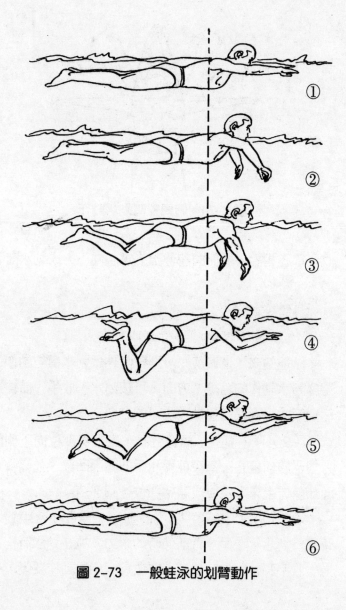

① ② ③ ④ ⑤ ⑥

圖 2-73　一般蛙泳的划臂動作

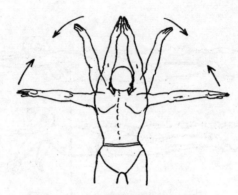

圖 2-74　俯視雙臂划水動作

收，掌心相對，繼而向前伸出，掌心向下，成划水前姿勢。

具體練習方法：

（1）陸上模仿練習臂划水動作

原地站立，上體前傾，兩臂前伸做划水模仿動作，體會划水動作的路線、方向，可按划水、收手、前伸幾個環節由慢到快反覆做幾次（圖 2-75）。

（2）原地直立，兩臂上舉，由上舉部位向下側前方划至肩前停止，然後前臂和手向胸部回收，並經胸、面部前方上舉，還原成開始部位（圖 2-76）。

（3）在水中練習（1）的動作，體會在水中划水時兩臂划水、收手、臂前伸時的阻力，並在划水時稍用力，收手和臂前伸時要輕，要放鬆，相對動作要慢，不

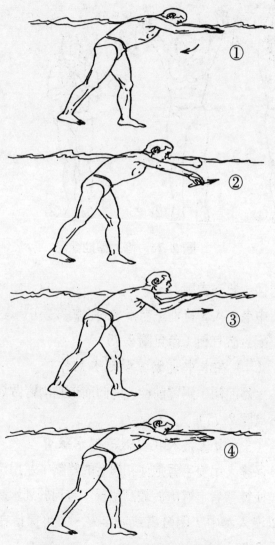

圖 2-75　陸上或水中練習划臂

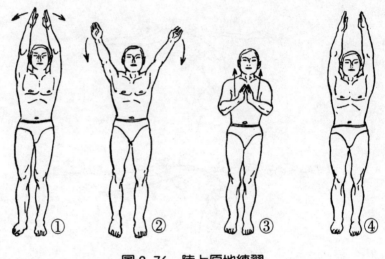

圖 2-76　陸上原地練習

要過猛，要適當用力。

　　中老年人，特別是老年人划水幅度要小，對以後的完整配合游有利（參見圖 2-75）。

　　（4）在水中走動練習划水動作

　　上體前傾，兩臂前伸，隨向前走動兩臂做划水動作（參見圖 2-75）。

　　（5）由保護人托起做臂划水練習

　　保護人用雙手臂抱住初學者的雙腿，並用手托其膝部，使練習者上體處於較高位置，有利於划水練習。頭可以沒入水中，困難者或老年人，頭可保持在水面上（圖 2-77）。

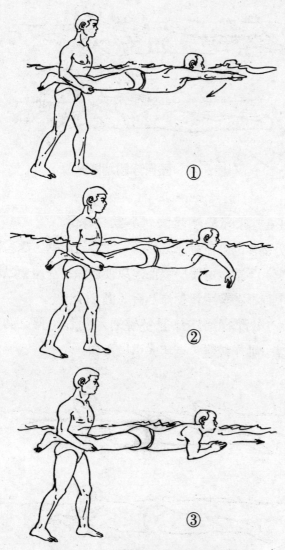

圖 2-77　由保護人托起練習划臂

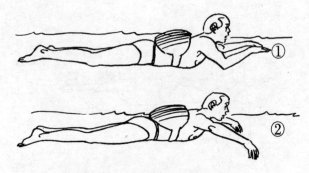

圖 2-78　腰背浮體划臂練習

（6）背部繫浮體做划水動作練習

初學者也可在背部繫浮體，使身體俯臥，練習臂划水動作。浮體也可繫於腿部，以便於保持身體俯臥漂浮和划水時不影響手臂動作為宜（圖 2-78）。

（7）滑行漂浮練習雙臂划水動作（圖 2-79）

這一動作較難，老年人可以不做。

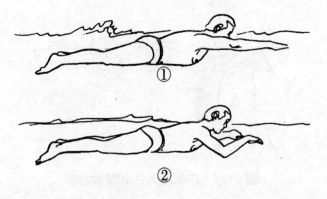

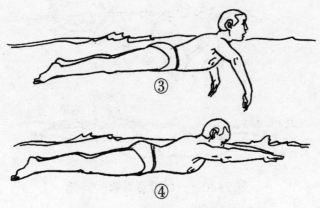

圖 2-79 漂浮滑行划臂練習

4. 中老年人蛙泳技術中的呼吸技術

蛙泳技術中呼吸是「關鍵」，一般來說，划水時頭部向上抬起，嘴露出水面張口吸氣，當收臂低頭前伸時用嘴呼氣（圖 2-80）。

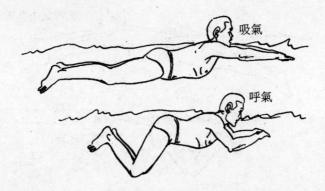

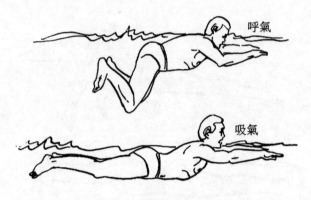

圖 2-80　一般蛙泳呼吸的時間

　　中老年人游蛙泳時，由於低頭在水下呼氣較困難，可以採用在抬頭時「先呼後吸」的短促呼吸技術，同時還可採用當兩臂由前伸部位開始側分時，即抬頭呼吸，這種方法中老年人比較容易控制（圖 2-81）。

　　由於吸氣後兩臂仍在划水，此時身體部位較高，不

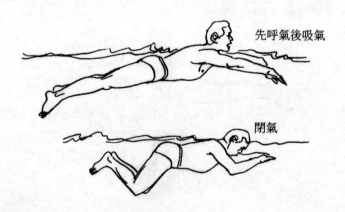

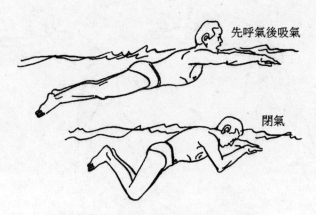

先呼氣後吸氣

閉氣

圖 2-81　中老年人蛙泳的呼吸時間

致因呼吸動作影響身體下沉。呼吸動作熟練後，可採用抬頭吸氣、低頭在水中呼氣的方法，改進整個配合技術。

中老年人可根據個人的習慣和身體條件，以不憋氣、不影響呼吸為原則，頭始終保持在水面上，隨著腿、臂配合動作採用自然呼吸的方法。但頭始終保持在水面上，使兩臂負擔較重，頸部容易疲勞。

具體的練習方法：

（1）陸上模仿呼吸動作練習

原地站立，上體前傾，雙臂前伸併攏，掌心向下。當雙臂向左右分開時，即抬頭先呼後吸，隨之雙臂向後划水同時低頭（圖 2-82）。

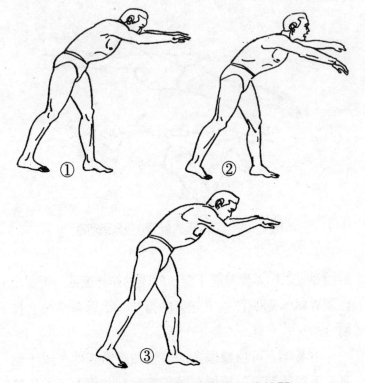

圖 2-82　原地和走動划臂呼吸練習

（2）同上——練習，在淺水中進行，動作由慢到快，由輕到稍用力。注意抬頭後一定要先呼後吸（圖2-83）。

（3）同上——練習，但抬頭時吸氣，當雙臂划水結束、臂前伸低頭時在水中呼氣。呼氣後隨雙臂左右分開划水時抬頭吸氣（圖2-83）。

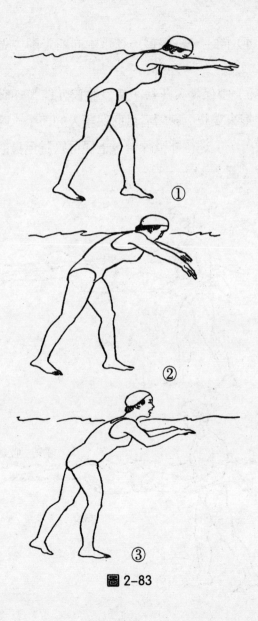

圖 2-83

（4）同上──練習，在水中向前走動中做呼吸練習。

（5）由保護人托扶，使身體俯臥練習呼吸動作。保護人抱夾雙腿，練習者借助保護人的口令「呼、吸、呼、吸……」進行呼吸練習。這樣可以避免身體下沉影響呼吸（圖2-84）。

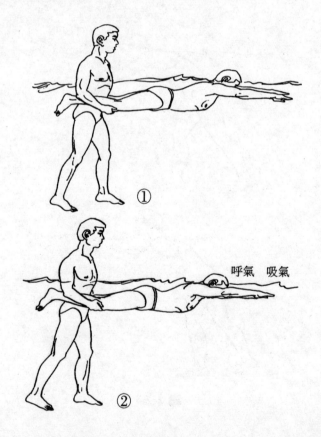

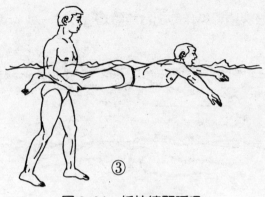

③

圖 2-84　托扶練習呼吸

5. 中老年人蛙泳的完整配合技術

中老年人蛙泳技術的完整配合動作，可以根據個人的身體條件和腿、臂力量的大小，採取不同的練習方法。

（1）一般可採用 1 次划臂、1 次蹬腿、1 次呼吸的慢動作配合技術。

（2）腿部動作有力的人，可以採用 1 次划臂、2次蹬腿、1 次呼吸的配合技術。

（3）臂力好、腿部力量差的人，可以採用 2 次划臂、2 次蹬腿、1 次呼吸的配合技術。

中老年人可以根據個人習慣採用任何一種配合技術，但為了呼吸動作方便，也可以始終把頭露在水面

上，根據腿臂動作的配合隨時進行呼吸（圖2-85）。

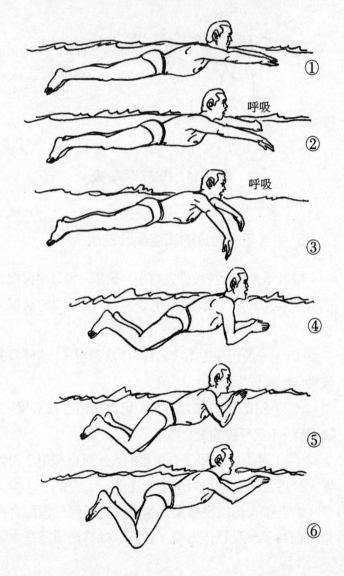

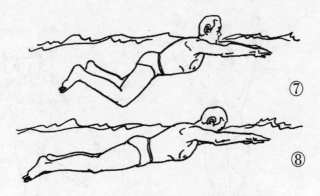

圖 2-85 中老年人蛙泳完整配合技術

一般初學者練習蛙泳配合時，開始划臂時腿不動，當收手後開始收腿，當雙臂前伸伸直時蹬腿，蹬夾腿後雙腿併攏，使身體自然向前滑行一會兒。此時全身可以放鬆並可節省體力。

具體練習方法：

（1）陸上模仿練習

原地直立，兩臂上舉併攏。雙臂左右側分開時抬頭呼吸；繼而雙手下划於胸前，掌心相對，同時低頭；收手時抬腿屈膝小腿向後；雙臂向上伸直時蹬腿，還原成開始姿勢（圖 2-86）。

（2）在保護托扶下練習配合動作，並可根據保護人口令：「划手呼吸、低頭划水、收手收腿、臂前伸蹬腿」（圖 2-87）。

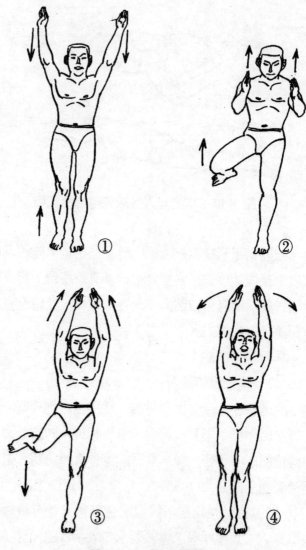

圖 2-86　陸上練習

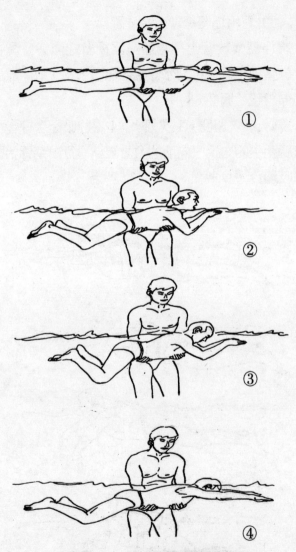

圖 2-87 托扶練習完整配合

（3）利用浮體練習配合技術

將浮體繫於背上，身體漂浮後做蛙泳完整配合練習。練習中可默念：划水呼吸、低頭划水、收手收腿、臂前伸蹬腿（圖2-88）。

（4）多次蹬腿、1次划水、1次呼吸配合練習。借助蹬腿產生的向上、向前的力量漂浮滑行，划臂抬頭練習呼吸配合。

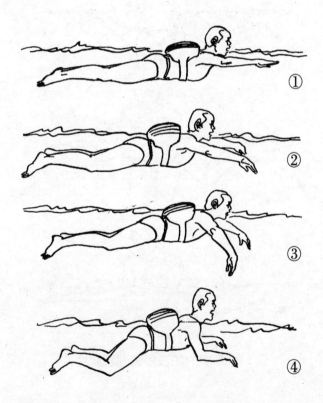

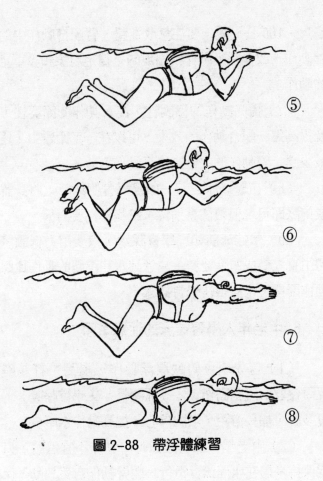

圖 2-88 帶浮體練習

（5）減少蹬腿次數，做 2：1：1 和 1：1：1 的配合技術練習。開始做完整配合練習時，動作不要太快。不可太急於求成，要注意配合動作的程序和正確。

（6）加長距離游蛙泳。當脫保後能游 20 公尺、50

公尺、100 公尺後，要注意改進腿、臂配合動作中的多餘動作，改善呼吸動作中出現的不穩定現象和吸不足氣的動作。

（7）提高動作的協調性，注意動作的節奏性，以及提高每一配合動作的效果，可以在一定距離中，逐漸減少腿、臂動作的次數來提高動作實效。

（8）在學蛙泳之前，如已學會側泳時，將身體轉成俯臥即可，但須注意划臂、蹬腿動作要對稱。

（9）學蛙泳前如已學會踩水，只要用力低頭將身體由直立轉成俯臥姿勢，注意划水和蹬腿的動作比踩水動作要慢，也能很快學會蛙泳。

6. 中老年人學習蛙泳的注意事項

（1）首先學會俯臥漂浮動作，繼而「打基礎」（學會收、蹬腿動作），「抓關鍵」（學會呼吸），反覆多游，加長游距，增強信心，提高動作水平。

（2）中老年人練習蛙泳時，動作不宜過猛，只要能保持身體在水面漂浮滑行、腿臂動作自然划動、保證呼吸不受影響並向前游進即可。

（3）初學蛙泳時為了能吸好氣，雙臂一分開即抬頭用大力氣呼氣，隨後迅速吸氣，呼吸時一定要把嘴張大。

（4）在練習腿的收、翻、蹬夾、併的動作時，只要體會到蹬腿有力身體向前游動，即應多游，在長游中再去反覆提高腿的動作。

（5）中老年婦女或體胖的人，動作幅度不要太大，否則容易引起身體下沉或造成身體起伏太大，影響臂、腿的動作。

總之，中老年人學習蛙泳技術時，由於雙臂在身體前面支撐容易控制，又由於雙臂划水動作一開始下划就產生向上的浮力，能保證身體不會迅速下沉，這就有利於老年人很快的學會。

四、現代競技游泳介紹

前面介紹的簡易反蛙泳、簡易側泳和簡易蛙泳，對初學游泳的中老年人來說，很快就能掌握，並能游很長距離。但是，要想游得快，游得省力，還要下一番功夫，改進和提高已掌握的游泳技術動作，使之更符合人體解剖學、運動生理學、運動力學的基本原理，使技術動作協調自然，更趨於完善。因此，有必要對現代競技游泳技術動作的一些特點有一個明確的了解，並試著去體會、實踐。

（一）反蛙泳技術特點

正規的反蛙泳技術和我們前面介紹的簡易反蛙泳技術大同小異。它的特點是：

1.雙腿回收時比較大，收腿後有一個翻腳動作，蹬水有力，可以提高蹬夾水效果。

2.雙臂划水後由體側出水經腰部、胸前從空中向前移臂，在頭後兩側插入水中（圖2-89）。

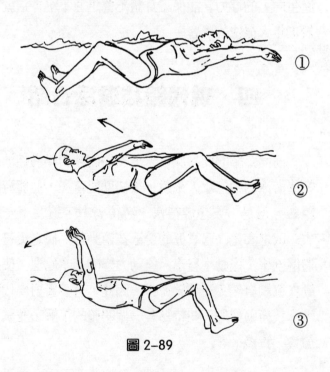

圖 2-89

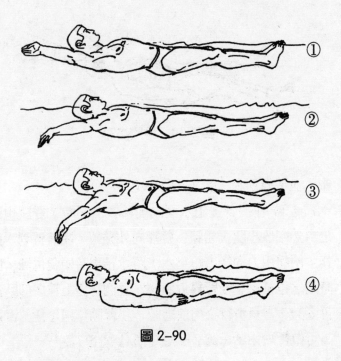

圖 2-90

3.開始划水時肘部微屈，掌心向後，用前臂內側和手掌向後划水，一直沿體側向後划至大腿後停止，並有暫短停留階段（圖 2-90）。

4.正規的反蛙泳技術配合

（1）身體仰臥水中，整個身體處於較高位置，身體縱軸線與前進的方向成 3°～8° 迎角（圖 2-91）。

（2）開始游進時，雙手沿身體兩側向上提拉出水，經胸前和頭上方向後移臂，在頭後肩延線外插入水

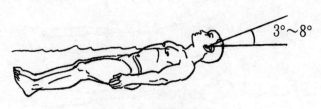

圖 2-91　身體姿勢

中，並準備划水（圖 2-92③④⑤⑥①）。

（3）在雙臂提出水面向前移臂的同時，雙腿也隨
之自然回收小腿、屈膝、雙腳向外翻轉。隨著臂划水動
作，兩腿用力向後方蹬夾水，蹬水結束時兩腿併攏，同
時划水也結束，雙臂靠近體側，整個身體上浮成仰臥滑
行姿勢。當呈滑行姿勢前進時，腿臂動作稍停任其滑進
，可做暫短休息（圖 2-92④⑤⑥①②③）。

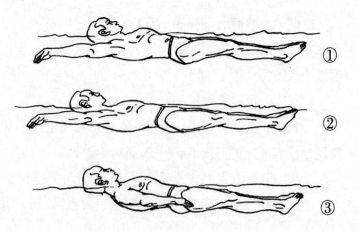

①

②

③

圖-92 仰泳臂划水

（4）當雙臂向上提拉出水時張嘴吸氣，雙臂向後推水時呼氣（圖 2-93）。

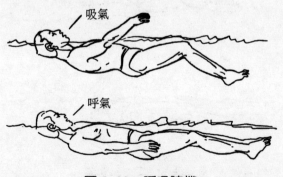

圖 2-93 呼吸時機

（二）自由式仰泳技術特點

在學會反蛙泳的基礎上，如果想學會現代仰泳技術，那就比較容易了，它與反蛙泳技術不同。

1.自由式仰泳技術是兩臂輪流划水，兩腿交替打水（踢水），兩臂各划1次、兩腿各踢3次、呼吸1次，也就是2：6：1的配合技術（圖2-94）。

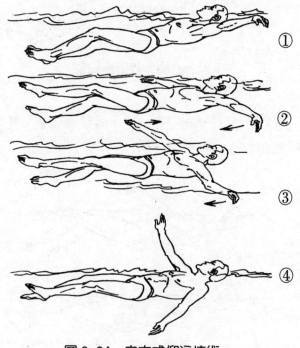

圖2-94 自由式仰泳技術

2.兩臂划水動作與反蛙泳不同，當一臂沿體側划水時，另一臂出水經空中向前移臂，一臂入水時一臂划水結束。划水結束時手臂不貼近大腿而在距大腿10公分左右的部位（即臀部外側下方）結束，掌心立即轉向下方壓水，並迅速借向上的反彈力量提拉臂出水（圖2-95）。

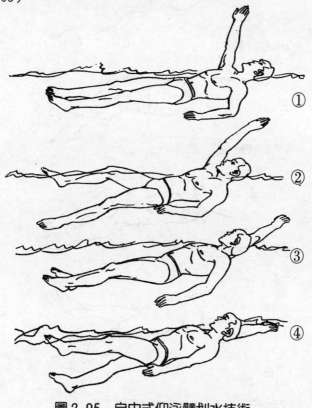

圖2-95 自由式仰泳臂划水技術

3.兩腿用力踢水時，要用大腿發力帶動小腿向後上方踢水。踢水時要屈腿向上用力踢直，腿下落時放鬆，要直腿下壓，即所謂上踢下壓（圖 2-96）。

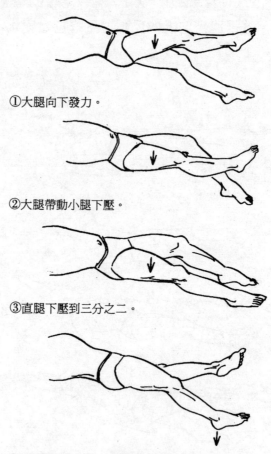

①大腿向下發力。

②大腿帶動小腿下壓。

③直腿下壓到三分之二。

④大腿停止下壓，小腿隨慣性繼續下壓。

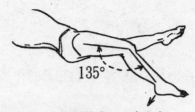

⑤大腿開始向上，小腿屈膝成 135°角左右。

⑥大腿帶動小腿向上，踝關節隨慣性繼續向下。

⑦大腿帶動小腿做向上踢水動作。

⑧小腿隨踢水慣性，繼續依次向上踢水。

⑨還原成開始姿勢。

圖 2-96　仰泳踢水動作

（4）呼吸配合動作是當一臂出水時呼氣，划水時吸氣，換句話說，即一臂划水時吸氣，另一臂划水時呼氣（圖2-97③④⑤⑥⑦吸氣⑩⑪⑫⑬呼氣）。

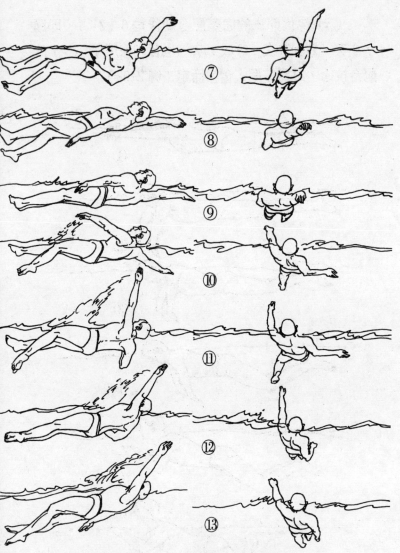

圖 2-97　仰泳完整配合技術

（5）現代仰泳的完整配合動作是 6：2：1，即踢水 6 次、划水 2 次、呼吸 1 次，也有人採用 4：2：1 的配合技術，這要按個人習慣而定（圖 2-98）。

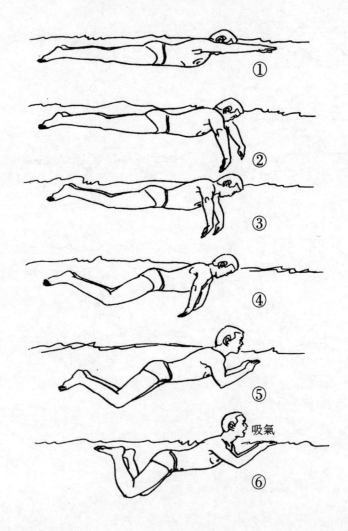

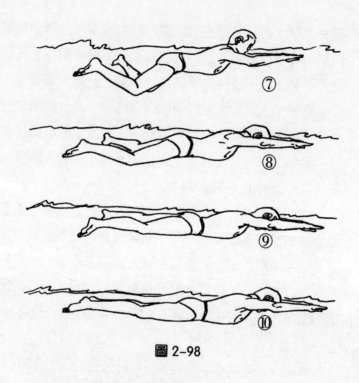

圖 2-98

（三）蛙泳技術特點

現代蛙泳技術和我們前面介紹的簡易蛙泳技術有很大不同，在技術上要求更嚴格，要更符合流體力學的特點，更符合人體解剖的特點，並適合競賽規則和技術發展的需要，對運動員的身體素質要求更高，要不同於中老年人蛙泳技術的緩慢動作。它的特點是：

（1）現代蛙泳技術在游進中身體姿勢較高，兩腿

蹬夾水後，借助划臂和蹬腿後的動力和慣性力推動身體向前。當雙腿併攏伸直時，個別人有下壓的動作，可使身體不致下沉，保持身體的流線型有利於向前游進。

此時，大腿和小腿的前面與腹部和一部分胸部位於一個平面上，臀部肌肉和大腿的四頭肌及小腿的腓腸肌稍稍緊張，這種緊張能防止大腿過早地下沉和勾腳尖，有利於滑行前進（圖 2-98）。

（2）現代蛙泳技術中，腿的蹬夾動作頻率快並保證身體的流線型截面，同時小腿緊跟在大腿後面減小了迎面阻力，由於充分的翻腳動作，使腳掌內緣和小腿內側對準蹬水方向，使蹬水處於最有利的部位，提高了蹬水的力量（圖 2-99）。

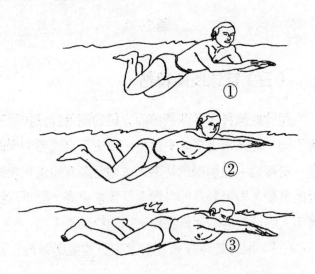

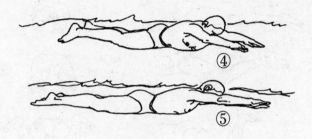

圖 2-99

（3）特別強調腿的「翻腳」動作。腿蹬夾水鞭狀動作效果的好壞，取決於翻腳動作的好壞，翻腳動作是在收腿中腳接近臀部時，兩小腿稍向外分開時即開始，兩腳迅速向外側翻，使腳和小腿內側正好對準蹬水方向，而不是在收腿結束後再翻腳。翻腳和收腿、蹬腿的動作是緊密連在一起的（圖 2-100）。

中老年人蛙泳就不特別強調翻腳動作，但中年人關節靈活的也可以提示注意翻腳來提高蹬水力量。

（4）現代蛙泳技術中，要求採用爆發力的快蹬腿技術，要盡量使蹬水方向向後，同時注意速度，因為蹬水效果好壞，還取決於收腿與蹬腿的速度差。這和老年人蛙泳也是不同的，老年人蛙泳中收蹬腿的速度差並不明顯，相對速度也較緩慢（圖 2-101）。

（5）現代蛙泳技術中，划臂動作強調高肘屈臂划水或拉臂提肩划水，這樣可以充分發揮臂划水效果。而

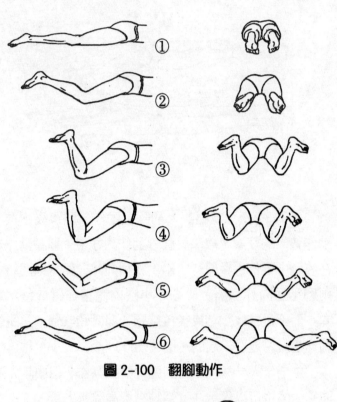

圖 2-100　翻腳動作

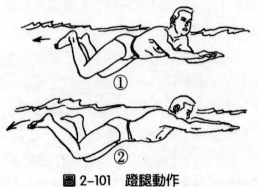

圖 2-101　蹬腿動作

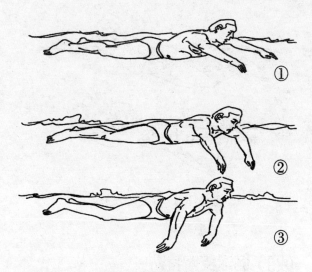

圖 2-102　高肘划水

　　中老年人游蛙泳時，一般採用平划手或稍向側下划水即可，無需強調高肘屈臂划水動作（圖2-102）。

　　（6）現代蛙泳技術中，運動員都採用晚呼吸配合技術。而中老年人，特別是初學游泳的老年人必須強調早呼吸技術，這有利於早日掌握呼吸動作（圖2-103）。

　　當我們了解了現代蛙泳技術的特點後，不妨試試看，特別是體力好、關節靈活的中年人可以體會一下。但一定要量力而行，切不可大意，否則會給部分肌肉、關節帶來不適，甚至扭傷，切切注意。

圖 2-103　晚呼吸動作

（四）側泳技術特點

正規的側泳技術與中老年簡易側泳技術之間，有相同處和不相同處。身體側臥姿勢基本一樣，只是在「上臂劃水」時身體轉成「半俯臥」，而老年人側泳則可不改變上體姿勢。另外，兩臂和兩腿的動作也不完全相同。其特點如下：

（1）正確的側泳身體姿勢應該是側臥水中，肩軸幾乎與水面垂直，稍偏向胸側，與垂線約成 10°～15°角，頭部偏向一側浸入水中，下臂伸向運動方向，上臂放在體側，手掌貼靠近大腿，兩腿併攏並沿著身體的縱軸線伸直（圖 2-104）。

（2）腿的動作二者很相似，但正確的側泳技術要

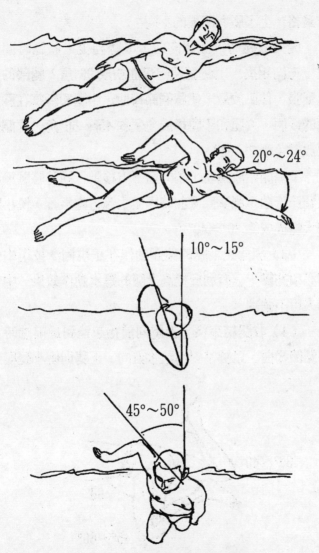

圖 2-104 側泳身體姿勢示意圖

求嚴格，上下腿有明顯的不同：

開始收腿時，上腿向前，下腿向後，收腿時間一致，方向相反。上腿髖關節彎曲約成 90°角。腿部的屈肌緊張，伸肌放鬆，使膝關節彎曲，小腿和腳掌在膝關節的後面。大腿和小腿構成一個約 45°～60°角，踝關節要放鬆（圖 2-105）。

下腿開始收腿時，稍向前下方移動，同時膝關節和踝關節彎曲，踝關節彎曲時應與水流方向平行，使小腿和大腿構成約 30°～40°角。

（3）側泳腿上腿的翻腳動作在正規側泳技術中強調必須翻腳，它有利於提高上腿的蹬水動作效果。中老年人可不強調。

（4）收腿結束後，上腿向前抬起達到最前端時，踝關節彎曲，以腳掌對準蹬水方向。下腿則使小腿與前

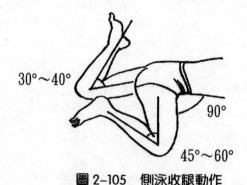

圖 2-105　側泳收腿動作

進方向構成一定的角度，這時踝關節伸直，以腳背對準蹬水方向，腳掌內旋並接近水面，膝關節稍稍下沉（同圖 2-105）。

（5）正確的側泳剪腿動作，要求上腿大腿帶動小腿前伸。然後以腳掌和小腿的後側進行剪腿：伸髖的同時小腿迅速向側伸展，並向後方用力剪腿。在上腿做向後側剪腿的同時，下腿則以腳掌轉向動作方向，先稍向下再向後用力伸膝用力向前剪腿。兩腿的動作要配合好，同時要加強下腿的剪腿效果，因為下腿的動作對推動身體前進所起的作用較大（圖 2-106）。

（6）正確的側泳臂划水技術與老年人側泳不同，上臂划水結束後，自空中向前移臂，當上臂在空中擺臂前移時，上體要隨之轉向胸側成半俯臥姿勢，使兩肩連線與垂線之間的角度加大到 45°～50°，這樣可以使上臂向前伸得更遠，增長划水路線，並使上臂划水更有力（圖 2-107）。

（7）下臂划水前，由前伸掌心向下，手略高於肩，手臂應放鬆，繼而下滑手掌稍勾手，稍屈肘，當手臂同身體前進方向成 20°～25°角、手掌與前臂成 170°～175°角時，即開始用力划水，划水在向胸側偏離於垂面的斜面上進行。當手臂向後划水至腹下方時即結束，旋即做收手屈肘前伸，當手掌經肩前時，前臂內旋前

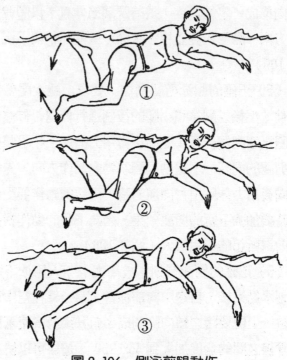

圖 2-106　側泳剪腿動作

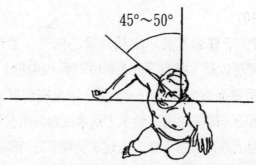

圖 2-107　側泳上臂和手自空中擺臂前移和轉體動作

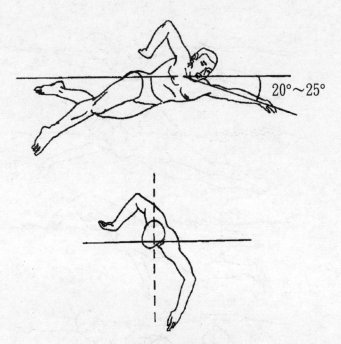

20°～25°

圖 2-108　側泳下臂划水動作

伸，掌心隨之由朝上轉向下，下臂向前伸直（圖
2-108）。

（8）正確側泳技術的完整配合

①下臂滑下，上臂同時出水吸氣（圖 2-109①
②）。

②下臂划水，上臂空中前移，兩腿仍保持原來併攏
姿勢（圖 2-109②③）。

③當上臂做後半段動作準備划水時，上臂即向胸側

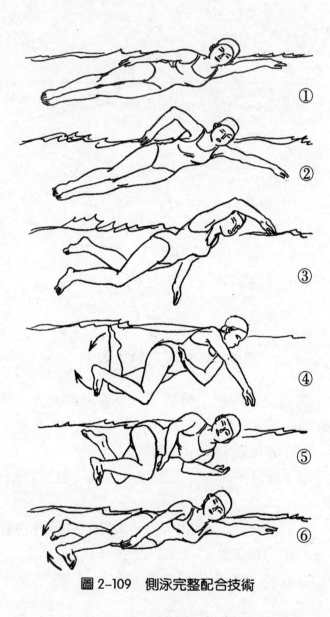

圖 2-109　側泳完整配合技術

轉動，開始憋氣，下臂划水結束（圖2-109③④）。

④下臂準備回收，上臂開始用力向後划水，繼續憋氣，同時兩腿準備收腿，上體開始轉成側臥（圖2-109④⑤）。

⑤上臂繼續向後划水，下臂前伸，同時兩腿做剪腿並呼氣（圖2-109⑤⑥）。

⑥下臂伸直，上臂划水結束，身體成側臥，剪腿結束的同時呼氣，身體向前滑進（圖2-109⑥①）。

總之，正確的側泳技術比中老年人側泳的動作幅度大，划水、蹬夾水的動作大效果好，前進速度快。對中老年人來說，可以根據自己的身體條件試試，特別是身體素質好、關節靈活的中年人可以練習練習，提高興趣。

中老年人進行游泳鍛鍊時，究竟在水中應停留多長時間？每次下水連續游多少距離為好？活動一次總的運動量多少為宜？在游泳中如何控制活動強度，才能不斷提高機體功能，增進身心健康？這些都是中老年人參加游泳健身應該了解和掌握的。

　　中老年人進行游泳健身活動時，要根據自己的年齡和身體狀況，有計劃地、有節制地進行鍛鍊為好。

一、中老年人游泳的時間和運動量

　　從增進身心健康考慮，中老年人在不同的年齡段，應根據此階段不同的特點，特別是身體的變化和能力，合理的、較科學的安排活動內容，不應強求自己做不到的活動，要留有餘地，同時還要達到提高身心健康的目的，這才是有益的。

　　下面提供國外中老年人進行游泳鍛鍊時，每次的運動量和活動範圍作為參考（表 3-1）。

　　在這個範圍內進行活動，對促進身心發展是有益的。那麼，結合我國中老年人的身體特點和對游泳運動技術掌握的情況，應有所區別，這裡提出一個初步方案，提供中老年人進行游泳鍛鍊時參考（表 3-2）。

表 3-1　國外中老年人游泳活動的次數和運動量、游泳距離

年　　　齡	每週活動 次　　數	每　　次 總運動量	每次連續游 距　　離	備　　註
40～50 歲	3～4 次	1000～1200 公尺	800 公尺	連續游泳 時游前要 稍活動， 游後要放 鬆
50～60 歲	3～4 次	800～1000 公尺	600 公尺	
60～70 歲	2～4 次	600～800 公尺	500 公尺	
70 歲以上	2～3 次	500～600 公尺	300～400 公尺	

表 3-2　我國中老年人參加游泳鍛鍊的次數和運動量

年　　　齡	每週活動 次　　數	每　　次 總運動量	每次連續游 距　　離	備　　註
30～40 歲	3～4 次	1000～1500 公尺	800 公尺	每次也可 以根據身 體反應情 況適當的 減少或稍 增加
40～50 歲	3～4 次	800～1000 公尺	600 公尺	
50～60 歲	3～4 次	600～800 公尺	400 公尺	
60～70 歲	2～4 次	400～600 公尺	200 公尺	
70 歲以上	2～3 次	300～400 公尺	100～200 公尺	

　　以上的活動參數只是根據目前我國中老年人掌握游泳的情況和目前我國游泳設備及環境條件提出的。那麼，對一些身體好的中老年人和游泳技術好的可以稍加

提高，向上浮動一個年齡段，個別人也可浮動兩個年齡段。而身體不好或初學會的也可向下浮動一個年齡段，這要根據自己在游進中身體的反應如何來決定，主要是在游進中輕鬆自如或稍經努力就可完成，游進中全身沒有冷的感覺、四肢神經末梢沒有麻木的感覺、內臟器官沒有不適的反應並感到全身舒服，游完沒有不舒適的感覺為好。

二、中老年人游泳的強度控制

中老年人在進行游泳鍛鍊時，除保持一定的數量外，欲達到鍛鍊的目的和取得積極的效果，還必須注意適當的負荷強度，方能奏效。

中老年人在游泳中，要掌握和控制運動強度，並有節奏地、科學地進行鍛鍊，最好是在醫護人員的指導配合下進行，特別是對採取游泳手段醫治疾病的中老年人尤為重要。

在無人陪伴和監護下，必須考慮到個人的身心健康狀況，在游泳活動中自己要隨時掌握自己的身心反應和變化，隨時調整運動量和負荷強度。而最容易反映出身心變化情況的莫過於心率的反應。

個人測試心率的變化是最容易掌握的方法。

　　人在從事勞動和體育鍛鍊時，由於心率反應的敏感性，最容易發現運動負荷強度的大小對心率的影響，而且一般人都可以體驗到並自行測試。

　　下面介紹中老年人在進行游泳鍛鍊時，怎樣測試心率，如何了解心率的變化和運動強度的關係，以及如何掌握和控制運動強度。

（一）測試心率的方法

　　當每游一定距離結束或連續游泳結束時，立即測試脈搏的跳動次數，即所謂「即刻脈搏」，當可反映出這一游距中的心率變化，通過心率次數的多少而反映出強度的大小，來調整下一段的用力和速度，保持適宜的強度。這是需要在多次重複中方能找到適合自己的最佳強度的。

　　測試脈搏的方法很多，有利用聽診器的、有利用電子儀器的，但最簡便的還是自己用手去測試。

　　1. 用食指和中指按壓另一手臂的腕動脈（圖3-1）。

　　2. 用手掌貼摸心臟部位的外胸部（圖3-2）。

　　3. 用拇指和食指按摸頸動脈（圖3-3）。

　　個人測試脈搏記取心率時，可根據個人習慣和環境

圖 3-1

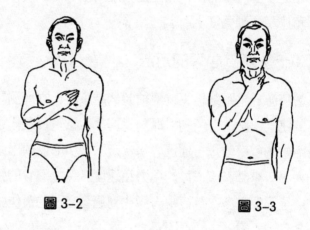

圖 3-2　　　　　　　　　　圖 3-3

　　靈活運用，一般情況下應有一個固定的方式，這樣可迅速地記取到即刻脈搏，了解心率的變化。

　　當我們記取脈搏次數時，可以記取 1 分鐘脈搏次數或 10 秒次數、6 秒次數。採用後兩種方法時主要是為了便於及時記取，但最後總結時要乘以 6 或 10 次，這樣可與 1 分鐘的脈搏次數進行比較，看是否吻合，判斷負荷強度是否合理。

（二）心率和強度的關係及如何控制強度

為了中老年人在游泳中能夠及時了解自己游進的強度，做到心中有數，不致因強度過大而影響機體的健康和恢復，或者發生意外；也不致因為強度過低，達不到鍛鍊的效果，在條件允許的情況下，最好是通過醫護人員利用遙測心率的儀器，隨時觀察記取心率變化，或隨時記取游泳結束後的脈搏，並提醒游泳者注意進行調整。

根據目前有關材料證明，中老年人在游泳鍛鍊時，可用「極限強度」185 次／1 分鐘脈搏為基本心率，在計算自己的最佳強度，即最佳心率時，用 185 次脈搏數減去本人的年齡，所得出的差數即為游泳者在游泳中達到的極限強度所反映的心率次數。

中老年人在游泳時所採取的負荷強度，應該限制在此心率次數之內；換言之，中老年人游泳時的強度不能超出此範圍。具體舉例如下：

35 歲應為 185 次－35＝150 次／1 分＝25 次／10 秒＝15 次／6 秒

45 歲應為 185 次－45＝140 次／1 分＝23 次／10 秒＝14 次／6 秒

55 歲應為 185 次－55＝130 次／1 分＝21.5 次／10

秒＝13次／6秒

65歲應為185次－65＝120次／1分＝20次／10秒＝12次／6秒

75歲應為185次－75＝110次／1分＝18次／10秒＝11次／6秒

根據以上所記取的每分鐘或10秒或6秒的心率次數，即反應出中老年人在游泳中不可超越的「極限強度」。那麼，中老年人在游泳鍛鍊中即可自行測試和隨時了解自己游進的強度是否超過了這一範圍，並進行必要的調整。一般來說，中老年人游泳時，最適宜的強度應在9～10次／6秒、15～17次／10秒、90～110次／1分為宜，亦即保持在中等強度的負荷為好。

中老年人對游泳強度負荷的控制，要根據個人身心健康的狀況來設定。對身體健康、無病患的中老年人來說，強度可稍高於最適宜強度（9～10次／6秒）的心率反應。體弱者最好不超過最適宜強度，更不應該超過極限強度的範圍。對患有疾病或採用游泳作為醫療手段的中老年人來說，則應根據醫生的醫囑或要求進行活動。對中老年婦女來說，也要考慮婦女的特點，適當控制，盡量低於上述要求為宜。

第四章

中老年人游泳的注意事項

游泳，雖然對中老年人增進身心健康很有好處，也是當今中老年人的一種體育時尚，但在從事游泳活動時，也要根據自己年齡的特點，注意下列事項。

一、一般注意事項

　　（一）初學游泳的中老年人，參加游泳鍛鍊前一定要經過醫生的身體檢查合格後，方可下水游泳。如發現有疾病和不適宜游泳的情況，應及時治療，等病痊癒後再進行游泳活動。

　　（二）初學游泳的中老年人，特別是60、70歲以上的老年人游泳時，一定要有專人陪伴和保護，要結伴而行，不要單獨進行活動。如果和老伴一起游泳就更好，可以相互關照、互相激勵，還可增強老夫妻間晚年的愛情。

　　（三）游泳前，一定要了解游泳池（場）的設施情況和周邊環境。

　　1.了解更衣室、存衣處、淋浴室、醫務室、廁所、辦公室和救生器材的位置，以及醫療設備、藥品情況。

　　2.游泳池的長短、深度。

　　3.游泳池是平底還是有深有淺的斜坡式。橫向有無

明顯的深淺水區的分隔水線和明顯標誌。

　　4. 游泳池上下扶梯的位置，有無供中老年人和婦女兒童下水的階梯斜坡和出入水口。

　　5. 游泳池縱向有無水線區分泳道標誌和共有幾條泳道。

　　6. 游泳池兩邊和兩端出發臺距離水面的高度，在池的深水一端有無跳水板（臺）設備。

　　7. 游泳池岸邊四周有無供游泳者須知的場地規則，以及供游泳者了解氣溫、水溫的標示板。

　　8. 游泳池四周有無供游泳者休息的長凳或長椅設施。

　　9. 游泳池的安全保護措施和救護力量。

　　10. 游泳池更衣室和游泳池邊四周地面的光滑度和有無防滑設備。

　　以上是作為一個初學游泳的中老年人必須了解和熟悉的，如在幾個游泳池（館）練習時，都應有詳盡了解，一旦發生意外事故，不致手忙腳亂，不知所措。

二、夏季在室外游泳的注意事項

　　（一）初學者應在江、河、湖、海灘的淺水邊游

泳,要了解水的深淺和水下有無障礙物。

（二）在自然水域游泳時,也要了解更衣室和淋浴室、醫務室的位置和有無特殊規定。

（三）以游泳為輔、以日光浴為主的中老年人,在上午10～11時、下午3～4時活動為宜。日光浴時間的長短可按個人習慣,一般以10～20分鐘為好。

（四）採用游泳和日光浴結合治療疾病的人,應遵照醫囑進行。

（五）進行日光浴前可以搽抹一些防曬油,避免日光傷害皮膚,或由於日光浴而引起皮膚病。

（六）經過整形的人,至少在一年以內不宜進行日光浴,如醫生同意進行日光浴時,也應搽抹整形後專用的防曬油,或游泳後將身體擦乾在太陽傘下休息。

（七）在自然水域中游泳時,一定要在淺灘、緩流地段和河流的上游地段,要戴水鏡。

（八）在海水中游泳,一定要注意潮水漲落的時間和禁游區的防鯊網及標牌。

（九）如在室外自然水域游泳時間過長時,應適當地在休息時補充些食物。

（十）注意在游泳池或自然水域四周有無防避大風雨和防曬的設施。

三、冬季在室內游泳的注意事項

在室內游泳除一般注意事項外，還應注意：

（一）在選擇室內游泳池游泳時，應考慮室內照明設施是否符合游泳館室內照明規定的要求。有無停電時的應急措施。

（二）室內游泳池的進出口位置。

（三）室內游泳館氣溫、水溫情況與更衣室和室外氣溫的差數。

（四）進入游泳館後，由於室溫與室外溫度相差懸殊，要注意防止頭暈和休克，不要急於下水游泳。

（五）冬季室內游泳要注意呼吸力度，特別是中老年人不要過多地憋氣。

（六）在室內游泳後上岸，要穿上拖鞋、浴衣或披上浴巾以保暖。

（七）冬季游泳時不要上下水次數太多，防止散熱太快。

一、冬泳是一項新興的體育運動

自 20 世紀 50 年代開始，近半個世紀以來，國內外興起一項新的體育運動項目，那就是「冬泳運動」。國內外很多人採用「冷水浴」和「冬泳」來強筋健骨，既鍛鍊體魄和意志，又可提高機體「抗寒冷」和「抗疾病」的能力。

如果說夏天到水裡去游泳是突出一個「爽」字——涼爽、清爽、清神爽體，那麼，冬天跳到水裡去游泳則是突出一個「煉」字——煉意志、煉頑強、煉拼搏、煉毅力，振奮精氣神。因此，有人認為冬泳是「勇敢者」的運動，這並不過分。又由於它能祛病、防病、強體健身，有人認為它是「冷療法」，又是一項「奇妙的運動」。

所以，近些年來，在少年兒童中，甚至在幼兒和中老年人中，有不少人進行冷水浴、冷空氣浴和冬泳運動鍛鍊，從目前來看這項運動則是方興未艾。

從 50 年代到 70 年代，我國各地自發進行冬泳鍛鍊的人不斷增加。1995 年，在中國游泳運動協會中成立了「全國冬泳委員會」，專門開發冬泳活動，自成立迄

今已舉辦過 5 屆「全國冬泳比賽」，並將冬泳列入「全民健身計劃」之中。冬泳委員會還專門出版了《全國冬泳通訊》，為宣傳發展冬泳運動，有著各地之間相互了解和交流開展冬泳經驗的作用。冬泳委員會還決定每年元旦為「冬泳活動日」。

其實，冬泳在我國是一項古老的健身運動，在 2700 多年前的春秋戰國時期，孔夫子率領 72 賢徒就曾在魯國（今山東）沂水河邊，進行暮春冷浴：「暮春者，春服既成，冠者五六人，童子六七人，浴乎沂，風乎舞雩，咏而歸。」從《論語》的這段記述中，我們好像看到孔子率領門徒在沂水河中游泳野浴的情景。而「暮春」按我國農曆應是二月天氣，二月的氣溫在室外還是很低的。由此可知，冷水浴和冬泳在我國由來久矣。

實踐證明，冷水浴和冬泳有提升人體各部器官功能、增強體質、促進機體新陳代謝的作用，使人精力充沛，同時也能增強人的意志力和拼搏精神，保持青春的活力。

二、冬泳是中老年人強筋健骨的鍛鍊方法

冬泳是袪病、防病、強身健體，並融娛樂於一體的體育運動項目。由於冬泳具有「鍛鍊時間短、健身收效大」的特點，日益被人們所注意、理解，並自願去參與冬泳活動。冬泳成為冬季鍛鍊身體的重要項目之一。

經常參加游泳鍛鍊的中老年人，可根據自己掌握游泳技術的熟練程度，有目的、有計劃地參加冬泳，這對增進身心健康有明顯的效果。

（一）改善和提高中樞神經系統和調節體溫的能力

我們在進行冷水浴和冬泳時，由於水比空氣導熱快25倍，在散熱快和溫度驟然變冷的情況下，會使大腦中樞神經系統得到鍛鍊，這是由於經常接受冷水的刺激，使中樞神經系統反應變得更加敏捷，使植物性神經系統各種機能加強和提高了，因此，提高了人體調節體溫的能力，從而提高了人對外界環境的抵抗力。

一旦機體突然受到變冷變熱的刺激，大腦中的體溫調節中樞能迅速、準確地作出反應，調節身體產熱和散

熱的過程，從而有效地控制體溫和保持恆定的體溫。

　　所以經常進行冷水浴和冬泳的人，能夠適應急驟出現的冷熱變化，增強對外界環境變化的抵抗力，而不致引起傷風感冒。

　　據運動醫學界測試，在 0℃ 的水中游泳，游 2 分鐘要消耗 211.29 千卡的能量，而消耗與此相同能量的其他運動項目，則需付出較長的時間：夏季游泳則需 21 分鐘，騎自行車需要 57 分鐘，跳繩則需 48 分鐘。

　　由此可知：冬泳是一項「高速高效的運動」，對提高機體的新陳代謝能力和健身防病，有極其顯著的效果。

（二）促使血液循環系統加快，提高心血管和心臟功能

　　冬泳時，人體受到冷水的刺激後，可以促使人體血液循環加快，提高新陳代謝能力。人體有 50 多萬個感受觸覺和壓覺的神經末梢，感覺溫度的點有 20 多萬個。當進行游泳、冷水浴和冬泳時，由於水的壓力和溫度的刺激，會使這些神經興奮，由中樞神經系統加速血液循環，改善皮膚和皮下組織的營養狀況；當冬泳時，人體受到冷水的刺激，皮膚淺層血管收縮，血液流入深層組織，隨之，體內的血液流速加快，並流向體表的肌

肉、骨骼、皮膚等。

由於血管的一收一鬆、血管壁的一縮一張，提高了血管壁的彈性、韌性和血管的神經調節功能，防止血管硬化和老化；血管壁的一縮一張還可促使全身血液循環加快，使供應心肌營養的冠狀動脈血管血流量和速度加大，從而提高心肌微循環功能，使心肌收縮更有力，從而提高了心血管系統的新陳代謝作用，更有效地增強了心血管系統的功能。

（三）提高人體內分泌系統的機能和免疫力、改善機體脂肪代謝

經常從事冬泳鍛鍊，可以促進腎上腺皮質分泌大量激素進入血液循環系統，增強血液中抗體的生成，如丙種球蛋白的數量增加，可提高身體的抗病能力和肌體的免疫力。

同時，由於冬泳中身體熱量消耗很大、很快，相當於空氣中導熱的 25 倍，因此，迫使產熱過程速度加快，大量的糖元脂肪快速分解；同時，冷水刺激還可反射性引起甲狀腺素分泌量增加；甲狀腺素可加速肝糖元分解和脂肪的氧化，有利於剩餘能量和脂肪的消耗，從而達到減肥，使體型愈顯健美，因此，游泳運動員的形體非常優美。

（四）提高呼吸系統和消化系統功能

經常參加冬泳鍛鍊，可以改善和提高呼吸肌的收縮強度和耐力，增加肌肉的收縮力，增強身體免疫功能。

支氣管炎和哮喘是中老年人常見的慢性病，由於老年人機體的衰退，呼吸系統的機能也逐漸下降。如能堅持游泳和冬泳的鍛鍊，可以緩解和消除病情。這是因為人在冬泳中，受到冷水的刺激，感到憋氣不由自主地急吸氣和暫時閉氣，繼而加大深呼吸，於是，就促使那些平時得不到充分利用的「肺泡」也活躍起來發揮作用，從而提高了呼吸器官的功能。

同時，又由於空氣寒冷增強了呼吸道粘膜對寒冷的適應能力，對肺部和氣管疾病起到了理療作用，從而使病情得到緩解和消除。

由於在冬泳中呼吸加深加大，從而使運動量增加，影響並促進了腸胃的蠕動，提高了消化功能，增進了食慾，使人精力更加充沛。

總之，冬泳對人增進身心健康，袪病延年是有益的。實踐證明，冷水浴和冬泳對中老年人也是可行的，對緩解支氣管炎、腰痛、風濕性關節炎、高血壓、冠心病都有顯著療效，並有鎮痛、鎮靜、利尿等作用。

因此，有人稱冬泳為「冷療法」，也有人由於它對

心血管系統的作用而稱其為「血管體操」。更有的人說，冬泳雖然需要克服思想障礙，需要意志和毅力，但「每天冬泳是難受一時，舒服一天」的健身方法。因此，中老年人只要在鍛鍊中注意方法、循序漸進，是完全可以做到的。

三、中老年人冷水浴和冬泳的練習方法

中老年人在進行冷水浴或冬泳時，開始會感到不適應，並伴有呼吸短促加快，胸部發憋喘不過氣來的現象，於是有人採取「屏氣」的方法以抗寒冷。其實，這種不適和發冷的狀態持續時間很短，很快就會消失，只要堅持即能適應，甚至會感覺很輕鬆，若能經常堅持鍛鍊，這種不舒適的感覺就會習以為常和全不介意了。

當我們進行冷水浴和冬泳時，必須掌握有關常識和嚴格遵守有關注意事項，循序漸進地進行，特別是不能貿然從事。

下面分別介紹一下冷水浴和冬泳的練習方法。

（一）冷水浴的練習方法

不會游泳的人或準備進行冬泳的人，可以先進行冷

水浴。

1.進行冷水浴應從夏季開始堅持每天鍛鍊，特別是在夏秋、秋冬交季時應堅持不斷，持之以恆，方能奏效。

2.初次進行冷水浴時，開始可以安排在中午進行，水溫在22℃左右。

3.隨著身體適應能力的增強，可以將水溫降至21～20℃左右，時間安排也可以改在上午或早晨進行。開始時還可以先在室內，適應後繼而移到室外進行。

4.冷水浴的最好時間可以安排在上午9時～下午3時左右進行為佳。開始練習時每次持續的時間不宜過長，可以逐漸延長，由開始的5分鐘延長至10分鐘，甚至可以更長一些，這要根據個人的體質和承受能力而定。

5.開始練習冷水浴時，可以先用冷水擦身──先擦四肢，再擦胸部、背部，最後擦洗臉部和頭部。開始可以先做1～3次的擦洗，繼而可以重複多次的擦洗。但對臉和頭部的擦洗可以減少重複次數，甚至只做1次即可。

6.在上述基礎上，身體適應後，便可改為每日淋浴1次──先淋浴四肢，再淋胸部、背部，最後淋浴頭部，也可以不淋頭部。淋浴時，也可伴有摩擦動作。

7.鍛鍊一段時間後，可由冷水淋浴改為「冷水浸泡」鍛鍊，每次浸泡時間不宜過久，3～5分鐘即可，邊浸泡邊摩擦全身，不要完全靜止不動，浸泡時頭露出水面，使水淹沒胸部即可。

8.出水後用軟乾毛巾將身體擦乾，並摩擦至全身發紅、發熱為止，也可以在摩擦後進行跑步或做一些體操，使體溫迅速恢復正常為好。但切忌不要使用質地過硬的乾毛巾擦身，以免擦破皮膚。

9.當適應以上幾個階段後，游泳技術較好的、有條件的可以轉為進行冬泳鍛鍊。常年游泳的人也可以不經此過程。

10.冷水浴最好每天固定在一個時間進行，這樣可以形成身體對冷水刺激的有規律的條件反射。如果時間不能固定，也要堅持每天1次，不要停止時間太長，哪怕每天鍛鍊重複的次數少一些，也不要間斷，否則還要從頭做起。

（二）冬泳的練習方法

一般情況下，冬泳只適合那些已熟練地掌握了游泳技術的中老年人，適於從夏季就一直不間斷進行游泳活動的人，特別是那些結合冷水浴游泳的人。凡是患有嚴重心臟病和嚴重呼吸道疾病、各種炎症及正在感冒的

人，都暫時不能進行冬泳，必須遵照醫囑和在醫生的同意、監護下進行。即或是身體健康並不間斷地進行冬泳鍛鍊的中老年人，也要有人監護或結伴而行，不要在無人照料和周圍無人的情況下獨自活動。

另外，當身體處於疲勞和虛弱的狀態時，或睡眠不足、情緒不佳時，也不宜進行冬泳。

1.進行冬泳鍛鍊要在冷水浴的基礎上進行為宜。或者自夏季不間斷地延至秋季、冬季有計劃地進行。每次下水冬泳的時間為 5～8 分鐘為宜，隨著身體的適應能力提高和個人的身體情況，也可以適當延長時間，但不宜超過 10～15 分鐘。

2.在冬季水結冰後，有條件的可以破冰練習冬泳，在水中持續的時間最好在 5 分鐘左右，不宜過長，以人在水中或出水後都感覺舒適為好。

3.冬泳時最好採用頭在水面上的蛙泳、側泳、仰泳姿勢，頭不要沒入水中，頭浸入水中後，由於冷水刺激，容易使人頭發緊甚至發痛，更感到窒息憋氣。

4.在水中不要停留，如在江河湖泊自然水域中冬泳時，要注意游程的距離，不宜游得過遠。結冰時要注意冰面參差不齊的邊緣，防止畫破、畫傷身體。

5.如無條件進行冬泳，每天可以用冷水沖洗淋浴，也可以著裝或赤身在冷空氣中跑步，並結合冷水浴或冷

水浸泡進行，也能有很好的效果。在遇到刮風天氣時，可戴口罩跑步。

四、中老年人冷水浴和冬泳的注意事項

（一）在進行冷水浴和冬泳前，要準備好乾毛巾（柔軟型）和拖鞋，特別是在室外冬季結冰後，不要赤腳站在地上和冰面上。

（二）冷水浴和冬泳要從夏末秋初即有計劃地開始。尤其是冬泳，更應注意在夏秋、秋冬交季時不要間斷，要持之以恆。這樣對冷水刺激就習以為常了，就是到了數九寒冬也能泰然自若了。

（三）冷水浴的水溫一定要從高到低。

（四）冷水浴和冬泳一定要循序漸進，從用冷水擦身——沖洗淋浴——冷水浸泡——冬泳。從夏季一直到冬季都在室外游泳的人，可以不經此階段性的過渡。

（五）由秋季開始冷水浴的人，特別是由冬季開始冷水浴的人，一定要先室內後室外。

（六）每次冷水浴和冬泳一定要注意掌握時間，不要等身體感覺冷時才結束。或規定適合於自己冷水浴的次數和冬泳的游距，找出適合自身的最佳次數和游距，

做到心中有數，加以控制。

（七）冷水浴和冬泳後，先把頭髮和身上的水珠擦乾；不要立即停止活動，要進行摩擦使身體發紅發熱，或穿上衣服跑步或做些體操，使身體迅速恢復體溫保暖。冬泳出水後要立即穿上拖鞋。

（八）冷水浴和冬泳前、後不要飲酒，鍛鍊後可以喝些熱飲料。

（九）在停止一個階段鍛鍊後，雖有冬泳基礎也應注意，特別是在受外傷和得病初癒後，應注意身體恢復的健康狀況，不應操之過急，仍需循序漸進。

（十）如採用冷水浴或冬泳醫治疾病時，一定要遵照醫囑進行。

（十一）中老年人各人體質不同，隨著年齡的變化，在各年齡段、各季節進行冷水浴和冬泳時，一定要有人陪伴護理，時間不宜過長。

（十二）70 歲以上的老人，以冷水擦身、冷水浴為宜，身體特別健壯、體質較好的人在進行冬泳時也要量力而行。

（十三）70 歲以下的中老年人，也應根據自己的體質進行冷水浴或冬泳，不要相互比賽。

（十四）60 歲以上的婦女以冷水擦身為宜。

（十五）進行冷水浸泡鍛鍊時，切記不要靜止不

動。

（十六）中老年人進行冷水浴和冬泳，一定要選擇適合自己的方法。

（十七）參加中老年人冬泳比賽時，重在參與，不要患得患失。

中老年人參加游泳活動，除下定決心做好充分的心理準備外，還必須做好物質準備。俗話說「欲善行其事，必先利其器」就是這個道理，其中有關游泳服裝的選擇和場地的選擇是很重要的，要選擇適合自己的服裝和離家較近並且熟悉的游泳場所。

一、選好游泳衣（褲）

游泳衣（褲）要合體，不要太肥或太瘦，肥了容易兜水，增加阻力，太瘦了妨礙活動。同時還要注意服裝質量，目前，市場上出售的游泳衣（褲）大多數為錦綸或丙綸製品，中老年人最好選用純棉製品。

男子可選用海灘式游泳褲，女子可選擇泡泡紗游泳衣，不過此種泳衣已不常見了。總之，游泳衣（褲）要合身，並容易穿、脫。

二、游泳眼鏡（蛙鏡）

由於游泳時水摩擦著人的身體各部位，極易將水質搞渾，一些細菌也會浸入眼內；為了保持池水清潔，泳

池管理人員經常灑入一些化學藥品過濾，超量時其殘餘物質也易傷害眼睛，因此，戴上蛙鏡是完全必要的，不僅能防止眼病，還可以在水中睜眼觀察動作，特別是在自然水域游泳更為需要。

現在市場上出售的有一般蛙鏡、防霧蛙鏡和近視蛙鏡，可根據自己的需要選用，要注意的是防水功能和視野的大小、質量。

三、游泳帽

游泳帽很需要，特別是婦女，戴上泳帽可以防止頭髮蓬亂，否則會影響視線。初學者也會影響呼吸；甚至妨礙游泳動作。

現代室內游泳池都要求男、女必須戴游泳帽，防止污染池水，有的為了安全，還規定了不同的顏色以提高救護人員的識別警覺。

而今，市場出售的游泳帽有橡膠製品和尼龍布製品，也有布製品，一般選購布製品或尼龍布製品較好，既經濟又耐用。橡膠製品多為運動員所用。條件好的也可選用質量較好的合成橡膠泳帽。

四、耳　塞

耳塞對初學游泳的人很有用。可以說，水是無孔不入的，游泳中水流入耳朵裡是常有的事，尤其是耳內有耳蚕（耵聹）的人。如果水進入耳內，耵聹被泡脹，就會出現反射性咳嗽、耳鳴、耳痛或眩暈，甚至發生外耳道炎，嚴重者還可引起中耳炎。

跳水運動員為了防止入水時水的壓力衝擊耳膜，多採用耳塞來保護耳膜。

目前市場出售的耳塞多為橡膠製品，使用時用特製的小棒慢慢推入耳內。出水後取出晾乾灑些滑石粉放在乾燥處或特製的小盒內備用。

五、鼻　夾

鼻夾對怕嗆水的人有幫助。游泳時水流入鼻孔也是很自然的，尤其初學者在沒掌握好呼吸技術之前，常常嗆水，這是因為開始時不習慣用嘴呼吸，用鼻子一吸氣就會帶水流入鼻腔引起咳嗽、流淚、打噴嚏，甚至頭發

懵。

為了防止水流入鼻腔，可以準備一個鼻夾，下水時戴上，它可以幫助你度過用嘴呼吸這一難關。習慣用嘴呼吸後即可不用。其實，只要隨時注意控制不用鼻子吸氣，就可以避免嗆水，時間長了就適應了。

鼻夾在花樣游泳（水中芭蕾）運動員中是必備的器材，這是由於她們經常處於仰游的姿勢，容易使水流入鼻腔，特別是在反身躍入水中和在水下翻轉時，水更易流入鼻腔所致。

六、毛巾、浴衣和拖鞋

毛巾、浴巾和拖鞋對中老年人來說是很需要的，游完泳上岸後把身上的水擦乾，可以防止風吹感冒。特別是在冷水浴和冬泳後，就更需要準備一條柔軟的乾毛巾摩擦全身，防止體溫擴散；穿上拖鞋，防止腳和冰面粘連或搓傷。如能準備一件浴衣就更好，上岸擦乾身體穿上保暖。

七、練習用浮體或救生圈

初學游泳最好自備浮體。可採用大小不同的泡沫塑料板、塊，打水板或救生圈等。一旦學會了游泳就可不用。浮體還可用來提高個別技術和增加臂、腿的力量。

八、眼藥水和簡單藥品

每次游完泳後，最好用眼藥水點點眼睛，防止生眼病，特別是在自然水域中游泳後，更應點幾滴眼藥水。

如果發現鼻孔發悶、堵塞不暢時，可以點點鼻通。耳道進水可用棉花輕輕擦拭外耳道。偶然畫破皮膚可用碘酒、酒精擦拭，嚴重傷及皮膚或肌肉時，應在上藥後用繃帶包扎。在沒有醫務室和醫生的情況下，自己應準備一些常用藥。

九、選擇較理想的游泳場所和游泳池

初學游泳的中老年人，最好選擇游泳池周邊環境比較安靜的地方，最好是在設有專人陪游、保護、指導人員的游泳池裡練習。

初學游泳的中老年人最好在水深 1 公尺左右和水溫在 26～28℃的水中練習。

沒有游泳池的地區，夏季學游泳可以選擇在自然水域，如江河的淺灘處，並選擇沒有旋渦和激流的地段，同時要注意了解水底有無雜草和暗礁等障礙物。水的深度以齊腰為好，水溫以身體入水後不感到冷為宜。

會游泳的中老年人，在選擇自然水域時，可以根據個人的實際情況量力而行，但也要有人陪伴。

十、要及時處理問題

俗語說「心有餘而力不足」「力不從心」，中老年人游泳時，常出現頭暈、休克等現象，甚至慢性病發作，此時，陪游人員不要慌張，應及時上岸採取相應措

施，並及時予以治療，將衣服穿好保暖，靜止休息，待精神恢復後再離開。嚴重者應及時送往醫院檢查治療。

醫療性游泳，是指專門採用游泳鍛鍊的手段來醫治人的慢性疾病，以提高病人機體功能，使其病症得到緩解和康復。2000 年前的古羅馬就曾有一句格言：「在游泳池中治療。」近些年來，世界各地用游泳來改善和增強病人體質和各部器官功能的已有很多。前蘇聯莫斯科游泳場有一個專門從事採取用游泳治病的實驗室，他們總結出「游泳是最好的藥物」。

　　在歐美一些先進國家，醫生採用游泳來醫治慢性冠心病、高血壓、精神衰弱、肺氣腫等疾病。另外，也有病人在醫生的指導下，用游泳治療方法鎮靜、鎮痛、鎮咳、止痙、利尿、制汗等，取得良好的效果。

　　由於人體在水中成平臥的姿勢，心臟負擔減輕，又由於全身在水中借助於水的浮力作用，使全身處於放鬆狀態，從而減輕了全身肌肉的緊張程度；由於水的壓力和摩擦作用，使呼吸系統和心血管系統得以改善，有利於增強其功能；皮下脂肪和皮膚得到改善，促使新陳代謝作用加強，有利於身體的康復。所以游泳對治療慢性病大有好處。

　　中老年人採用游泳手段醫治慢性病，必須遵照醫囑，在醫生的指導下進行，醫生可以根據病人身體的反應和變化及時調整所採用的手段和方案，使之有的放矢，取得成效。

中老年人由於年齡的關係，在游泳中心率有不同的變化。在採取游泳醫療時，要保持病人在活動中的最佳心率，如果出現超越現象，要及時調整，防止由此給機體的改善和機能的提高帶來相反的效果（表 7-1）。

表 7-1　中老年人游泳時最佳心率明細表

年齡（歲）	30	35	40	45	50	55	60	65	70	70以上
極限活動心率 次／分	155	150	145	140	135	130	125	120	115	110
游泳活動中最佳心率 次／分	125	120	115	112	108	104	100	96	92	90

　　從上表中我們可以看到，隨著年齡的增長，人在體育活動中極限強度的心率變化也不一樣。在游泳活動中，特別是用游泳來治療創傷和慢性疾病時要特別注意，應以最佳心率活動為宜。

　　游泳和陸上的田徑、體操、武術等不同，由於是在水中活動，可以在短時間內和短距離內即可達到最佳心率，如 25 公尺游泳的心率變化相當於陸上跑 100 公尺的心率，100 公尺游泳相當於陸上 400 公尺跑的心率。

　　因此，我們在採用游泳治療疾病時，必須嚴格掌握心率的變化，並結合病人的身體反應和個人體會，總結出適合不同病人的最佳醫療方案。

大展出版社有限公司
品冠文化出版社

圖書目錄

地址：台北市北投區(石牌)　　電話：(02)28236031
　　　致遠一路二段12巷1號　　　　　28236033
郵撥：01669551＜大展＞　　　傳真：(02)28272069

·生　活　廣　場· 品冠編號 61

1.	366 天誕生星	李芳黛譯	280 元
2.	366 天誕生花與誕生石	李芳黛譯	280 元
3.	科學命相	淺野八郎著	220 元
4.	已知的他界科學	陳蒼杰譯	220 元
5.	開拓未來的他界科學	陳蒼杰譯	220 元
6.	世紀末變態心理犯罪檔案	沈永嘉譯	240 元
7.	366 天開運年鑑	林廷宇編著	230 元
8.	色彩學與你	野村順一著	230 元
9.	科學手相	淺野八郎著	230 元
10.	你也能成為戀愛高手	柯富陽編著	220 元
11.	血型與十二星座	許淑瑛編著	230 元
12.	動物測驗—人性現形	淺野八郎著	200 元
13.	愛情、幸福完全自測	淺野八郎著	200 元
14.	輕鬆攻佔女性	趙奕世編著	230 元
15.	解讀命運密碼	郭宗德著	200 元
16.	由客家了解亞洲	高木桂藏著	220 元

·女醫師系列· 品冠編號 62

1.	子宮內膜症	國府田清子著	200 元
2.	子宮肌瘤	黑島淳子著	200 元
3.	上班女性的壓力症候群	池下育子著	200 元
4.	漏尿、尿失禁	中田真木著	200 元
5.	高齡生產	大鷹美子著	200 元
6.	子宮癌	上坊敏子著	200 元
7.	避孕	早乙女智子著	200 元
8.	不孕症	中村春根著	200 元
9.	生理痛與生理不順	堀口雅子著	200 元
10.	更年期	野末悅子著	200 元

·傳統民俗療法· 品冠編號 63

1.	神奇刀療法	潘文雄著	200 元

2.	神奇拍打療法		安在峰著	200元
3.	神奇拔罐療法		安在峰著	200元
4.	神奇艾灸療法		安在峰著	200元
5.	神奇貼敷療法		安在峰著	200元
6.	神奇薰洗療法		安在峰著	200元
7.	神奇耳穴療法		安在峰著	200元
8.	神奇指針療法		安在峰著	200元
9.	神奇藥酒療法		安在峰著	200元
10.	神奇藥茶療法		安在峰著	200元
11.	神奇推拿療法		張貴荷著	200元
12.	神奇止痛療法		漆　浩　著	200元

・彩色圖解保健・品冠編號64

1.	瘦身	主婦之友社	300元
2.	腰痛	主婦之友社	300元
3.	肩膀痠痛	主婦之友社	300元
4.	腰、膝、腳的疼痛	主婦之友社	300元
5.	壓力、精神疲勞	主婦之友社	300元
6.	眼睛疲勞、視力減退	主婦之友社	300元

・心　想　事　成・品冠編號65

1.	魔法愛情點心	結城莫拉著	120元
2.	可愛手工飾品	結城莫拉著	120元
3.	可愛打扮 & 髮型	結城莫拉著	120元
4.	撲克牌算命	結城莫拉著	120元

・少　年　偵　探・品冠編號66

1.	怪盜二十面相	（精）	江戶川亂步著	特價189元
2.	少年偵探團	（精）	江戶川亂步著	特價189元
3.	妖怪博士	（精）	江戶川亂步著	特價189元
4.	大金塊	（精）	江戶川亂步著	特價230元
5.	青銅魔人	（精）	江戶川亂步著	特價230元
6.	地底魔術王	（精）	江戶川亂步著	特價230元
7.	透明怪人	（精）	江戶川亂步著	特價230元
8.	怪人四十面相	（精）	江戶川亂步著	特價230元
9.	宇宙怪人	（精）	江戶川亂步著	特價230元
10.	恐怖的鐵塔王國	（精）	江戶川亂步著	特價230元
11.	灰色巨人	（精）	江戶川亂步著	特價230元
12.	海底魔術師	（精）	江戶川亂步著	特價230元
13.	黃金豹	（精）	江戶川亂步著	特價230元
14.	魔法博士	（精）	江戶川亂步著	特價230元

15.	馬戲怪人	（精）	江戶川亂步著	特價 230 元
16.	魔人銅鑼	（精）	江戶川亂步著	特價 230 元
17.	魔法人偶	（精）	江戶川亂步著	特價 230 元
18.	奇面城的秘密	（精）	江戶川亂步著	特價 230 元
19.	夜光人	（精）	江戶川亂步著	特價 230 元
20.	塔上的魔術師	（精）	江戶川亂步著	特價 230 元
21.	鐵人Q	（精）	江戶川亂步著	特價 230 元
22.	假面恐怖王	（精）	江戶川亂步著	
23.	電人M	（精）	江戶川亂步著	
24.	二十面相的詛咒	（精）	江戶川亂步著	
25.	飛天二十面相	（精）	江戶川亂步著	
26.	黃金怪獸	（精）	江戶川亂步著	

・熱 門 新 知・品冠編號 67

1.	圖解基因與 DNA	（精）	中原英臣 主編	230 元
2.	圖解人體的神奇	（精）	米山公啟 主編	230 元
3.	圖解腦與心的構造	（精）	永田和哉 主編	230 元
4.	圖解科學的神奇	（精）	鳥海光弘 主編	230 元
5.	圖解數學的神奇	（精）	柳 谷 晃 著	

法律專欄連載・大展編號 58

台大法學院　　　法律學系／策劃
　　　　　　　　法律服務社／編著

1.	別讓您的權利睡著了(1)	200 元
2.	別讓您的權利睡著了(2)	200 元

・武 術 特 輯・大展編號 10

1.	陳式太極拳入門	馮志強編著	180 元
2.	武式太極拳	郝少如編著	200 元
3.	練功十八法入門	蕭京凌編著	120 元
4.	教門長拳	蕭京凌編著	150 元
5.	跆拳道	蕭京凌編譯	180 元
6.	正傳合氣道	程曉鈴譯	200 元
7.	圖解雙節棍	陳銘遠著	150 元
8.	格鬥空手道	鄭旭旭編著	200 元
9.	實用跆拳道	陳國榮編著	200 元
10.	武術初學指南	李文英、解守德編著	250 元
11.	泰國拳	陳國榮著	180 元
12.	中國式摔跤	黃　斌編著	180 元
13.	太極劍入門	李德印編著	180 元
14.	太極拳運動	運動司編	250 元

・原地太極拳系列・ 大展編號 11

·名師出高徒· 大展編號 111

1.	武術基本功與基本動作	劉玉萍編著	200 元
2.	長拳入門與精進	吳彬 等著	220 元
3.	劍術刀術入門與精進	楊柏龍等著	220 元
4.	棍術、槍術入門與精進	邱丕相編著	220 元
5.	南拳入門與精進	朱瑞琪編著	220 元
6.	散手入門與精進	張 山等著	220 元
7.	太極拳入門與精進	李德印編著	280 元
8.	太極推手入門與精進	田金龍編著	220 元

·實用武術技擊· 大展編號 112

1.	實用自衛拳法	溫佐惠 著	250 元
2.	搏擊術精選	陳清山等著	220 元
3.	秘傳防身絕技	程崑彬 著	230 元
4.	振藩截拳道入門	陳琦平 著	220 元
5.	實用擒拿法	韓建中 著	220 元
6.	擒拿反擒拿 88 法	韓建中 著	250 元

·中國武術規定套路· 大展編號 113

1.	螳螂拳	中國武術系列	300 元
2.	劈掛拳	規定套路編寫組	300 元
3.	八極拳		

·中華傳統武術· 大展編號 114

1.	中華古今兵械圖考	裴錫榮 主編	280 元
2.	武當劍	陳湘陵 編著	200 元
3.	梁派八卦掌(老八掌)	李子鳴 遺著	220 元
4.	少林 72 藝與武當 36 功	裴錫榮 主編	230 元
5.	三十六把擒拿	佐藤金兵衛 主編	200 元
6.	武當太極拳與盤手 20 法	裴錫榮 主編	元

·少 林 功 夫· 大展編號 115

1.	少林打擂秘訣	德虔、素法 編著	300 元
2.	少林三大名拳 炮拳、大洪拳、六合拳	門惠豐 等著	200 元
3.	少林三絕 氣功、點穴、擒拿	德虔 編著	300 元

·道 學 文 化· 大展編號 12

1.	道在養生:道教長壽術	郝勤 等著	250 元

2. 龍虎丹道：道教內丹術 　　　　　郝勤　著　300元
3. 天上人間：道教神仙譜系 　　　　黃德海著　250元
4. 步罡踏斗：道教祭禮儀典 　　　　張澤洪著　250元
5. 道醫窺秘：道教醫學康復術 　　　王慶餘等著　250元
6. 勸善成仙：道教生命倫理 　　　　李　剛著　250元
7. 洞天福地：道教宮觀勝境 　　　　沙銘壽著　250元
8. 青詞碧簫：道教文學藝術 　　　　楊光文等著　250元
9. 沈博絕麗：道教格言精粹 　　　　朱耕發等著　250元

・易　學　智　慧・大展編號122

1. 易學與管理 　　　　　　　　　余敦康主編　250元
2. 易學與養生 　　　　　　　　　劉長林等著　300元
3. 易學與美學 　　　　　　　　　劉綱紀等著　300元
4. 易學與科技 　　　　　　　　　董光壁著　280元
5. 易學與建築 　　　　　　　　　韓增祿著　280元
6. 易學源流 　　　　　　　　　　鄭萬耕著　280元
7. 易學的思維 　　　　　　　　　傅雲龍等著　250元
8. 周易與易圖 　　　　　　　　　李　申著　250元
9. 易學與佛教 　　　　　　　　　王仲堯著　　元

・神　算　大　師・大展編號123

1. 劉伯溫神算兵法 　　　　　　　應　涵編著　280元
2. 姜太公神算兵法 　　　　　　　應　涵編著　280元
3. 鬼谷子神算兵法 　　　　　　　應　涵編著　280元
4. 諸葛亮神算兵法 　　　　　　　應　涵編著　280元

・命　理　與　預　言・大展編號06

1. 12星座算命術 　　　　　　　　訪星珠著　200元
2. 中國式面相學入門 　　　　　　蕭京凌編著　180元
3. 圖解命運學 　　　　　　　　　陸明編著　200元
4. 中國秘傳面相術 　　　　　　　陳炳崑編著　180元
5. 13星座占星術 　　　　　　　　馬克・矢崎著　200元
6. 命名彙典 　　　　　　　　　　水雲居士編著　180元
7. 簡明紫微斗術命運學 　　　　　唐龍編著　220元
8. 住宅風水吉凶判斷法 　　　　　琪輝編譯　180元
9. 鬼谷算命秘術 　　　　　　　　鬼谷子著　200元
10. 密教開運咒法 　　　　　　　中岡俊哉著　250元
11. 女性星魂術 　　　　　　　　岩滿羅門著　200元
12. 簡明四柱推命學 　　　　　　呂昌釧編著　230元
13. 手相鑑定奧秘 　　　　　　　高山東明著　200元
14. 簡易精確手相 　　　　　　　高山東明著　200元

國家圖書館出版品預行編目資料

中老年人游泳指導／溫仲華著
——初版，——臺北市，大展，民92（2003年）
面；21公分，——（運動遊戲；9）
ISBN 957-468-214-5（平裝）

1.游泳

528.96   92004248

北京人民體育出版社授權中文繁體字版

中老年人游泳指導

ISBN 957-468-214-5

著　　者／溫仲華

責任編輯／劉　　筠

發 行 人／蔡森明

出 版 者／大展出版社有限公司

社　　址／台北市北投區（石牌）致遠一路2段12巷1號

電　　話／（02）28236031·28236033·28233123

傳　　眞／（02）28272069

郵政劃撥／01669551

E - mail／dah_jaan@pchome.net.tw

登 記 證／局版臺業字第2171號

承 印 者／高星印刷品行

裝　　訂／協億印製廠股份有限公司

排 版 者／弘益電腦排版有限公司

初版1刷／2003年（民92年）5月

定　價／180元

推理文學經典巨著，中文版正式授權

名偵探明智小五郎與怪盜的挑戰與鬥智
名偵探柯南、金田一都讚嘆不已

日本推理小說鼻祖—江戶川亂步

1894年10月21日出生於日本三重縣名張〈現在的名張市〉。本名平井太郎。
就讀於早稻田大學時就曾經閱讀許多英、美的推理小說。
畢業之後曾經任職於貿易公司，也曾經擔任舊書商、新聞記者等各種工作。
1923年4月，在『新青年』中發表「二錢銅幣」。
筆名江戶川亂步是根據推理小說的始祖艾德嘉‧亞藍波而取的。
後來致力於創作許多推理小說。
1936年配合「少年俱樂部」的要求所寫的『怪盜二十面相』極受人歡迎，
陸續發表『少年偵探團』、『妖怪博士』共26集……等
適合少年、少女閱讀的作品。

1 ～ 3 集　定價300元　試閱特價189元

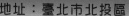